essentials

essentials liefern aktuelles Wissen in konzentrierter Form. Die Essenz dessen, worauf es als „State-of-the-Art" in der gegenwärtigen Fachdiskussion oder in der Praxis ankommt. *essentials* informieren schnell, unkompliziert und verständlich

- als Einführung in ein aktuelles Thema aus Ihrem Fachgebiet
- als Einstieg in ein für Sie noch unbekanntes Themenfeld
- als Einblick, um zum Thema mitreden zu können

Die Bücher in elektronischer und gedruckter Form bringen das Expertenwissen von Springer-Fachautoren kompakt zur Darstellung. Sie sind besonders für die Nutzung als eBook auf Tablet-PCs, eBook-Readern und Smartphones geeignet. *essentials:* Wissensbausteine aus den Wirtschafts-, Sozial- und Geisteswissenschaften, aus Technik und Naturwissenschaften sowie aus Medizin, Psychologie und Gesundheitsberufen. Von renommierten Autoren aller Springer-Verlagsmarken.

Weitere Bände in der Reihe http://www.springer.com/series/13088

Claudia Salowski

Kreative Methoden im Business Coaching

Für sichtbare und greifbare Lösungen im Coachingprozess

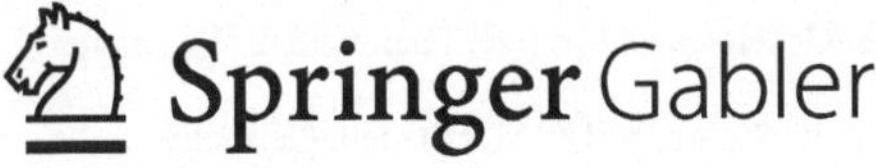

Claudia Salowski
Weimar (Lahn), Deutschland

ISSN 2197-6708 ISSN 2197-6716 (electronic)
essentials
ISBN 978-3-658-32193-2 ISBN 978-3-658-32194-9 (eBook)
https://doi.org/10.1007/978-3-658-32194-9

Die Deutsche Nationalbibliothek verzeichnet diese Publikation in der Deutschen Nationalbibliografie; detaillierte bibliografische Daten sind im Internet über http://dnb.d-nb.de abrufbar.

Planung/Lektorat: Christine Sheppard
Springer Gabler ist ein Imprint der eingetragenen Gesellschaft Springer Fachmedien Wiesbaden GmbH und ist ein Teil von Springer Nature.
Die Anschrift der Gesellschaft ist: Abraham-Lincoln-Str. 46, 65189 Wiesbaden, Germany

Was Sie in diesem *essential* finden können

- Methodenbeispiele zur Aktivierung von Coaching-Klient:innen
- Methodenbeispiele zur Visualisierung von Gedanken, Ideen, Ergebnissen und Produkten im Coaching
- Übertragungsmöglichkeiten für die Methodenbeispiele aus der Präsenzsituation in den virtuellen Raum (Digitalisierung)

In diesem *essential* zeige ich Coaches, wie sie ihre Coaching-Prozesse im Business-Kontext wirksamer und effizienter gestalten können. Es enthält für verschiedenste Settings, in denen Coaching stattfinden kann, Anregungen in Form konkreter Methodenbeispiele, die ich seit vielen Jahren in meiner Arbeit mit Einzelpersonen und Teams oder Gruppen verwende und mit denen ich sehr gute Erfahrungen gemacht habe. Außerdem habe ich einige neue Methoden und Ideen aufgenommen, die mir besonders in Coachings im virtuellen Raum gute Dienste geleistet haben.

Entlang eines typischen Prozessverlaufs (Auftrags- und Zielklärung, Erkundung der Landschaft, Bearbeitung der Coaching-Ziele, Sicherung der Ergebnisse und Transfer in den Alltag) stelle ich verschiedene Methoden vor, die ich in meinen Coaching-Prozessen erfolgreich anwende. Da Coaching insbesondere im Business-Kontext nicht erst seit dem durch die Corona-Pandemie 2020 bedingten Digitalisierungsschub in Organisationen auch digital bzw. virtuell stattfindet, finden sich für jedes der Methodenbeispiele auch Hinweise zur Umsetzung im digitalen Kontext.

Dieses *essentials*-Buch kann auf unterschiedliche Weise genutzt werden:

- Sie können es, wie für die meisten gewohnt, von vorne nach hinten, Kapitel für Kapitel, lesen und durcharbeiten.
- Wenn Sie bereits einige Erfahrung im Coaching haben, können Sie den Einführungsteil über Settings und Anlässe von Coaching überfliegen oder gar überspringen und gleich mit dem Methodenteil starten.
- Sie können das Buch als Nachschlagewerk nutzen und sich einzelne Methodenbeispiele anschauen, diese ausprobieren und reflektieren, welche Erfahrungen Sie damit gemacht haben. In diesem Falle und natürlich auch, wenn Sie Fragen haben, nehmen Sie gerne direkten Kontakt mit mir auf.

Vorwort

Seit den frühen 2000er-Jahren bin ich als Business Coach/Executive Coach tätig, zunächst intern dort, wo ich Führungskraft im Bereich Human Resources Development war, seit 2010 mit meiner eigenen Firma und den unterschiedlichsten Klient:innen, stets jedoch im Business-Kontext. Meiner Erfahrung nach haben Coachings in genau diesem Kontext häufig einen starken Hang zum Konversationsformat. Es geht um Coaching-Ziele, die mittels Sprache in der Konversation übermittelt und diskutiert werden, es geht um den biografischen Hintergrund des Coachees (m/w/d), der oft rein sprachlich dargestellt wird, und die Bearbeitung der Ziele und Anliegen des Coachees findet meist auch in Form eines Dialogs statt. Allerdings haben mir inzwischen mehr als zwanzig Jahre Erfahrung in diesem Bereich gezeigt, dass sowohl die Wirksamkeit von Coaching als auch seine Effizienz maßgeblich verstärkt wird, wenn wir die reine Gesprächsform mit Methoden der Aktivierung und Visualisierung anreichern. Mit Aktivierung meine ich, dass eine Person dazu angeregt wird, mit möglichst vielen Sinnen im Hier und Jetzt zu sein. Visualisierung bezieht sich sowohl auf die grafische Begleitung des Gesprächsprozesses als auch auf haptisches Erfahren im Rahmen von Gestaltungsaktivitäten – im Design Thinking oder bei Anwendung von Lego® Serious Play® spricht man auch von „Denken mit den Händen“.

Gerade in der Visionsarbeit – der vorausschauenden Gestaltung der Zukunft des:der Klient:in, mache ich seit vielen Jahren die Erfahrung, dass sich Tiefe und Nachhaltigkeit der Arbeit signifikant verbessern, wenn wir im Coaching nicht nur über die Zukunft reden, sondern sie sichtbar, greifbar und erlebbar machen. Das vorliegende Buch zeigt eine Auswahl verschiedener Methoden, die ich hierfür anwende.

Eine Anmerkung zu diesen Methoden ist mir besonders wichtig: Zwar bin ich sehr dafür, dass Coaches und auch Führungskräfte, wenn sie Kreativmethoden einsetzen wollen, diese einfach mal spielerisch ausprobieren und damit Erfahrungen machen. Eine der Grundregeln, die ich in meiner Coaching-Ausbildung gelernt und in meiner langjährigen Praxis immer wieder bestätigt gesehen habe, ist: Probiere etwas, und wenn das nicht funktioniert, probiere etwas anderes. Gleichzeitig gibt es gute Gründe dafür, dass Methoden wie beispielsweise LEGO® Serious Play® (LSP) in mehrtägigen Zertifizierungskursen vermittelt werden. Insbesondere die Art der Moderation und die enge Begleitung im Verständnisprozess dessen, was gebaut wurde, ist sehr wichtig für die Ergebnisse dieser Methode. Im Literaturverzeichnis finden Sie ein Buch zu LSP, und auf Anfrage vermittle ich gerne den Kontakt zu Ausbildungen, die ich empfehlen kann.

Besonderer Dank gilt an dieser Stelle meiner Coach-Kollegin Antje Weidling, mit der ich nicht nur die Profession, sondern auch die Liebe zur Sprache und zum Schreiben teile. Ihre ausgewiesene Superkraft ist es, einen Sachverhalt mit wenigen Worten zuzuspitzen und damit glasklar zu formulieren. Das hat sie einmal mehr bewiesen, als ich sie um Unterstützung bei der Findung des Titels für dieses Buch gebeten habe.

Wie Sie sehen werden, ist mir gendergerechte Sprache ein besonderes Anliegen. Ich verwende unterschiedliche Varianten, dies kenntlich zu machen, und habe gleichzeitig auf bestmögliche Lesbarkeit geachtet, indem ich an manchen Stellen eine Gendervariante, an anderen eine andere verwende, ansonsten die unterschiedlichen Varianten im selben Begriff einbinde. Ich finde, so viel Zeit und Geduld sollten wir uns für dieses wichtige Thema beim Schreiben und auch beim Lesen nehmen.

im August 2020 Claudia Salowski

Inhaltsverzeichnis

Über die Autorin

Claudia Salowski ist Systemische Organisationsberaterin, Trainerin und Business Coach/Executive Coach. Seit mehr als zehn Jahren arbeitet sie als Freiberuflerin mit Klient:innen aus Unternehmen unterschiedlichster Branchen, Größen und Umfelder an den Themenbereichen Unternehmenskultur, Führung und Zusammenarbeit. Zuvor war sie rund vierzehn Jahre lang in Fach- und Führungspositionen in den Bereichen Corporate Communications und Human Resources tätig und dort spezialisiert auf Personal- und Organisationsentwicklung sowie Interne Kommunikation und Community Relations.

Zum Entstehungszeitpunkt dieses Buchs ist sie eine von nur drei Coaches in Deutschland, die vom European Mentoring & Coaching Council (EMCC), einem der beiden großen internationalen Verbände im Bereich Coaching und Mentoring, auf Senior-Practitioner-Level akkreditiert sind. Sie hat vielfältige Aus- und Weiterbildungen absolviert und sich über die Jahrzehnte ihrer Coaching- und Beratungsarbeit einen umfangreichen Werkzeug- und Methodenkoffer aufgebaut. Im vorliegenden Buch gewährt sie einen Einblick in Methoden, die besonders geeignet sind, um Ergebnisse in Coachingprozessen sichtbar und greifbar zu machen und so den Arbeits- und Veränderungsprozess für Coachees bestmöglich zu unterstützen.

Kontakt: salowski@beratungwirkt.de

Website: www.beratungwirkt.de

Anlässe und Settings für Business Coaching

1

1.1 Anlässe

Coaching ist die Begleitung eines Veränderungsprozesses. Ein:e oder mehrere Klient:innen setzen sich ein oder mehrere Ziele dazu, was im Verlauf, spätestens am Ende des Prozesses, anders sein soll. Etwas soll mehr sein (beispielsweise mehr Durchsetzungsvermögen, mehr Klarheit, mehr Problemlösungskompetenz, mehr Handlungsspielraum), oder etwas soll weniger sein (weniger Unsicherheit beim Treffen von Entscheidungen, weniger Anstrengung, weniger Angst vor öffentlichen Auftritten oder Präsentationen).

1.1.1 Karriere- und Persönlichkeitsentwicklung

Der Klassiker, was die Ziele von Coachees angeht, ist die Weiterentwicklung der Karriere, oft kombiniert mit der Weiterentwicklung der eigenen Persönlichkeit. Manchmal geht es dabei um konkrete Kompetenzen oder persönliche Eigenschaften, die verändert werden sollen. Als Ausgangsbasis dient dabei gelegentlich ein sogenanntes Persönlichkeitsdiagnoseinstrument (Beispiele: MBTI, Reiss Profile, Insights, Lumina Spark, DiSG, Hogan uvm.) oder ein elektronisch oder persönlich eingesammeltes 360°-Feedback, in dem Mitarbeitende, Vorgesetzte, Kolleg:innen auf gleicher Ebene sowie Kund:innen oder Andere mit der Selbsteinschätzung des Feedbackempfängers zusammengebracht werden.

C. Salowski, *Kreative Methoden im Business Coaching,* essentials,
https://doi.org/10.1007/978-3-658-32194-9_1

Gerade im Kontext der Karriereentwicklung lässt sich das Erreichen der gesetzten Ziele oft besonders gut anhand des Erreichens einer bestimmten Position oder Ebene messen: der:die Coachee kommt mit dem Ziel ins Coaching, im Zeitraum X auf die Position Y befördert zu werden. Gelegentlich geht es auch etwas allgemeiner darum, Führungskraft zu werden oder sich für einen neuen Arbeitsbereich zu positionieren, ohne dass schon klar wäre, ob, wann und wie sich das in einer bestimmten Position oder Ebene manifestiert.

Was die Persönlichkeitsentwicklung angeht, liegt hier dem Coaching oft der Wunsch zugrunde, mit einer als problematisch empfundenen Eigenschaft besser umgehen zu können oder aber Potenzial an einer Stelle zu entfalten, die als besonders energiereich und motivierend empfunden wird.

1.1.2 Führung(sstil)

Führungskräfte, die im Business-Kontext ein Coaching anstoßen, sind nach meiner Erfahrung häufig durch Impulse anderer Personen auf die Idee gekommen, etwas an der Art, wie sie andere führen, ändern zu wollen. Meist erfolgt die Beauftragung des Coachings durch den Personalbereich oder durch die Führungsebene über der entsprechenden Führungsperson. Nach wie vor ist hier oft ein sogenanntes Gap zu bearbeiten, eine Lücke zwischen dem Zielbild einer Führungskraft, das beim beauftragenden Unternehmen ausgerufen ist, und der Art und Weise, wie die Führungskraft bisher führt.

Es geht also bei diesem Anliegen meist nicht nur allgemein um das Thema Führung, das Klärung erfahren soll, sondern konkret um die Art und Weise, wie der:die Coachee bisher führt: den Führungsstil.

1.1.3 Visionsarbeit

Die Arbeit im Coaching geht immer einher mit der Definition eines Ziels oder auch verschiedener Ziele, die im Prozess erreicht werden sollen und von denen eine Vision, ein Bild des angestrebten Zielzustands entwickelt wird. Gelegentlich ist genau das das Anliegen im Coachingprozess: Eine Vision davon entwickeln, was für die Person Zukunft bedeutet. Oft steht diese Vision in einem konkreten thematischen Zusammenhang, beispielsweise: „Wie will ich als Führungskraft gesehen werden?“ – „Was ist mein persönliches Bild von Erfolg?“ – „Wie positioniere ich mich als Unternehmerin gleichzeitig kraftvoll und weiblich?“

1.1.4 Problemlösung

Oft wird die Unterstützung eines Coachs auch dann gesucht, wenn ein konkretes Problem gelöst werden soll, bei dem es weniger um fachliche Expertise (Fachberatung) zum Problem geht, sondern vielmehr um die Möglichkeit, die eigenen Gedanken und Fragen dazu mit einer außenstehenden Person zu sortieren. Diese Person bringt eine unbeeinflusste, zusätzliche Perspektive ein und kann daher oft Fragen stellen, die für den Coachee unter die Rubrik „eh klar" fallen, die er:sie sich also gar nicht stellen würde. Dabei moderiert der Coach anhand bestimmter Fragen und Methoden die Ideen aus dem Klienten heraus. Das Wissen um diese Antworten ist dabei bereits vorhanden, es ist lediglich nicht so präsent im Vordergrund, oder der Blick auf Problem und Lösungsoptionen ist durch andere Dinge verstellt.

1.1.5 Konfliktbearbeitung

Gelegentlich wird Coaching auch genutzt, um einen Konflikt des Coachees zu bearbeiten. Das kann der Wunsch nach Klarheit bezüglich der eigenen Position und die Suche nach Lösungsoptionen oder die Idee sein, durch Perspektivwechsel und Reflexion die andere Position (oder Positionen) im Konflikt besser zu verstehen. Es kann sich aber auch um die Bearbeitung eines inneren Konflikts des Coachees handeln.

1.2 Settings

Gelegentlich startet eine Coach mit einem:einer Klient:in, um im Verlauf des Prozesses festzustellen, dass nicht alle, die von der Veränderung direkt betroffen sind – und die es für die Umsetzung braucht – im Raum sind. Der Übergang zwischen den nachfolgenden Settings kann also durchaus auch fließend sein, wenn sich die Notwendigkeit ergibt und es sinnvoll für den Veränderungsprozess erscheint.

1.2.1 Einzelcoaching (1 Coach, 1 Coachee)

Das wohl bekannteste und verbreitetste Setting im Business oder auch Executive Coaching (dem Coaching gezielt für Führungsebenen) ist das Einzelcoaching.

Hier arbeitet ein Coach (m/w/d) mit einer:einem Klient:in. Das bedeutet nicht, dass nicht auch andere Perspektiven während des Prozesses eingeholt werden können, beispielsweise durch das bereits erwähnte 360°-Feedback. Die Vereinbarung zur Zusammenarbeit wird jedoch zwischen den genannten Beteiligten geschlossen.

1.2.2 Teamcoaching (1–2 Coaches, 1 intaktes Team)

Gelegentlich beschließt ein ganzes intaktes Team, d. h. ein Team, das so zusammenarbeitet, ein Coaching in Anspruch zu nehmen. Je nach Größe des Teams bedeutet dies, dass der Prozess nicht nur von einem Coach alleine begleitet werden kann. Die Termine finden idealerweise in Anwesenheit aller Teammitglieder statt, und für den oder die Coaches ist es von hoher Bedeutung, das Team als Einheit, als das Dritte, das entsteht, zu begleiten und wahrzunehmen. Das ist deswegen so wichtig, weil es bedeutet, dass es im Coaching dieses Teams nicht um die individuellen Anliegen der Einzelpersonen geht – die sich möglicherweise gar nicht miteinander verbinden lassen. Das Team entwickelt sich schon allein dadurch, dass es lernt, dieses „Dritte" als eigenständige Einheit, als lebendiges System zu betrachten und an dessen Entwicklung zu arbeiten.

1.2.3 Gruppencoaching (1–2 Coaches, Gruppe von sich untereinander bekannten oder unbekannten Coachees)

Neben intakten Teams, die Coaching in Anspruch nehmen, gibt es gerade im Kontext von Organisationen als Auftraggebern auch häufig bestimmte Themen, zu denen eine Gruppe von Personen gemeinsam gecoacht werden sollen. Ich habe beispielsweise viele Jahre lang Frauenförderprogramme in Organisationen durchgeführt, in denen Gruppencoaching eines der Programmelemente war. In bestimmten Zeitabständen trifft sich eine intakte Gruppe zu diesem Thema, arbeitet aber außerhalb des Themas nicht in derselben Konstellation zusammen.

Darüber hinaus kann es auch Gruppen geben, die aus Mitgliedern unterschiedlicher Organisationen zusammengesetzt sind und als Gruppe ein Coaching in Anspruch nehmen – ähnlich über ein Thema als Gruppe identifiziert. Oft ist dies in offenen Seminaren und Trainings der Fall, und Coaching wird im Rahmen der Methodenvielfalt und zur tieferen Bearbeitung individueller Anliegen der Teilnehmenden als Ergänzung zur inhaltlichen Wissensvermittlung eingesetzt.

1.2.4 Digitales Coaching

Die möglicherweise größte Herausforderung bezogen auf digitales Coaching scheint mir die genaue Begriffsbestimmung und Abgrenzung dessen zu sein, was damit gemeint ist und was nicht. Inzwischen wird häufig von digitalem Coaching gesprochen, wenn die Verwendung von Video-Konferenzen über das Internet gemeint ist – Coaching im virtuellen Raum anstelle eines physischen Raumes also. Wie die nachfolgenden Methodenbeispiele zeigen, bieten sich im virtuellen Raum jedoch weitere Digitalisierungsmöglichkeiten in der Arbeit von Coaches, sodass die gewohnte Arbeit „face-to-face" mittlerweile sehr gut digitalisierbar ist.

2 Methoden zur Aktivierung und Visualisierung entlang des Coaching-Prozesses

Um den:die Coachee:s während des Coaching-Prozesses bestmöglich zu begleiten und zu unterstützen und aus einer reinen Gesprächssituation aktive Entwicklungsarbeit zu machen, die nachhaltige Veränderung erzeugt, finden sich nachfolgend einige methodische Beispiele aus meiner Arbeit als Executive Coach. Je Methode zeige ich sowohl die Variante, die ich im physischen Raum, also in der Arbeit „face-to-face" verwende, als auch eine Variante für die Nutzung im virtuellen Raum. Die genannten Tools und Software-Produkte mögen als individuelle Beispiele verstanden werden. Ich beschreibe, was ich persönlich nutze und womit ich gute Erfahrungen gemacht habe, meine Beispiele erheben aber keinen Anspruch auf Vollständigkeit dessen, was es am Markt gibt.

2.1 Zielklärung

Entlang des Verlaufs eines typischen Coaching-Prozesses starten wir mit dem Einstieg: der Auftrags- und Zielklärung zwischen Coach und Coachee. Die Coaching-Ziele sind zu unterscheiden vom Coaching-Anlass und dem Anliegen, das wiederum das Coaching-Setting ergibt. Die nach meiner Erfahrung zentralen Anlässe für Coaching habe ich oben dargestellt. Der:die Coaching-Klient:in hat bezogen auf diesen spezifischen Anlass jedoch ein deutlich individuelleres Anliegen (oder gar mehrere), das es zunächst zu formulieren gilt, damit die Auswahl des Coaches stattfinden kann. Dies geschieht in Organisationskontexten häufig mit Unterstützung der Personal(entwicklungs)abteilung, die meist über einen Pool an Business und Executive Coaches verfügt, die wiederum meist auf bestimmte Anlässe und Settings spezialisiert sind.

C. Salowski, *Kreative Methoden im Business Coaching,* essentials,
https://doi.org/10.1007/978-3-658-32194-9_2

Häufig geschieht – und dies ist auch zu empfehlen – die Auftragsklärung dann in einem gemeinsamen Gespräch zwischen Auftraggeber:in (Unternehmen, oft vertreten durch die Personalabteilung), Coachee und Coach. Gelegentlich ist es auch sinnvoll, die direkte Vorgesetzte des Coachees einzubinden, sofern es um einen Anlass geht, der mit dieser Funktion in direktem Zusammenhang steht. Oft ist es ohnehin hilfreich, diese Perspektive für ein Feedback zu nutzen und einen Beobachtungsauftrag dazu zu geben, was sich wie im Laufe des Coaching-Prozesses aus Sicht der:des direkten Vorgesetzten verändert.

Die Verschriftlichung und Visualisierung der Coaching-Ziele sowie der damit verbundenen Chancen und Risiken kann entweder bereits in diesem Auftragsklärungsgespräch erfolgen. Nach meiner Erfahrung ist es jedoch hilfreich, dies in zwei Teile aufzuteilen: eine allgemeinere Besprechung des Anlasses, des:der Anliegen und der konkreten Ziele für den Coaching-Prozess mit allen Stakeholdern (Coachee, Personalabteilung, ggf. direkte:r Vorgesetzte:r, Coach) sowie dann eine tiefergehende Beleuchtung der Ziele im ersten Termin zwischen Coach und Coachee. Vor allem die Beleuchtung der Chancen und Risiken, die sich potenziell aus dem jeweiligen Ziel ergeben, erhält eine andere Detailtiefe, wenn hierfür Zeit im geschützten Raum veranschlagt wird. Und Coaching findet immer insofern im geschützten Raum statt, als alles, was zwischen Coach und Coachee besprochen oder erarbeitet wird, stets vertraulich zu behandeln ist. Das startet schon mit den Details zu den Coachingzielen. Hierauf zu achten, ist insbesondere deshalb wichtig, weil es versteckte Ziele oder Anliegen geben kann, die ggf. gar nicht zur Sprache gebracht werden, wenn keine Vertraulichkeit gegeben ist.

Abb. 2.1 zeigt ein Ziele-Canvas (Canvas, dt. Leinwand, wird hier als Begriff für etwas, das visualisiert werden soll, benutzt), das dabei hilft, die Coaching-Ziele auf (selbstklebenden) Moderationskarten oder Sticky Notes zu sammeln. Sie nicht direkt auf das Canvas zu schreiben ist deshalb empfehlenswert, weil sie auf selbstklebenden kleinformatigen Karten oder Notes immer wieder neu sortiert oder auch ggf. umformuliert werden können.

Die Chancen und auch die Risiken zu beleuchten ist deshalb sinnvoll, weil sich Ziele im Coaching-Prozess oft zunächst einmal hilfreich anhören, solange sie noch nicht in der Tiefe durchdacht sind. Nachdenken über und visualisieren von Chancen und Risiken normalisiert den Fakt, dass ein Ziel auch mit einem Preis verbunden sein kann (Risiken), oder dass ein Ziel von noch größerer Bedeutung und Auswirkung sein kann als zunächst vermutet (Chancen).

Im virtuellen Raum verwende ich Whiteboard-Applikationen wie Miro oder Mural, um das Ziele-Canvas darzustellen und kollaborativ mit der:dem Coachee

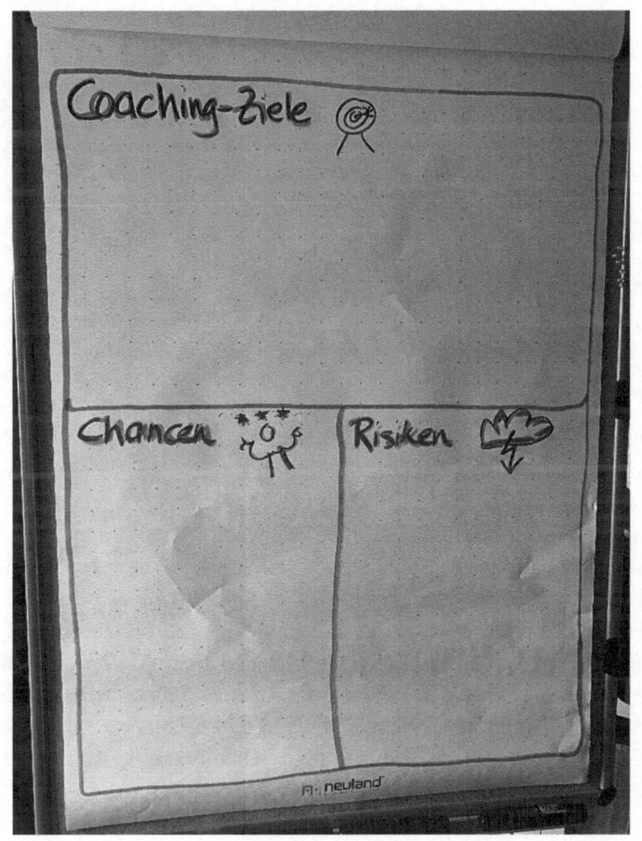

Abb. 2.1 Ziele-Canvas

zu befüllen. Abb. 2.2 zeigt die Vorlage des Canvas auf Miro, die ich für meine Coaching-Prozesse verwende.

Hier können Coachee und Coach gemeinsam im virtuellen Raum sowohl Ziele als auch Chancen und Risiken sammeln und besprechen sowie den Gesprächsprozess und die Ergebnisse digital visualisieren und dokumentieren. Das digitale Whiteboard steht während des gesamten Coaching-Prozesses weiterhin zur Verfügung, kann aber nur von Coach und Coachee eingesehen und bearbeitet werden. So können Verlauf und Priorisierung der einzelnen Ziele und Anliegen immer wieder zurück in den (virtuellen) Raum gebracht werden.

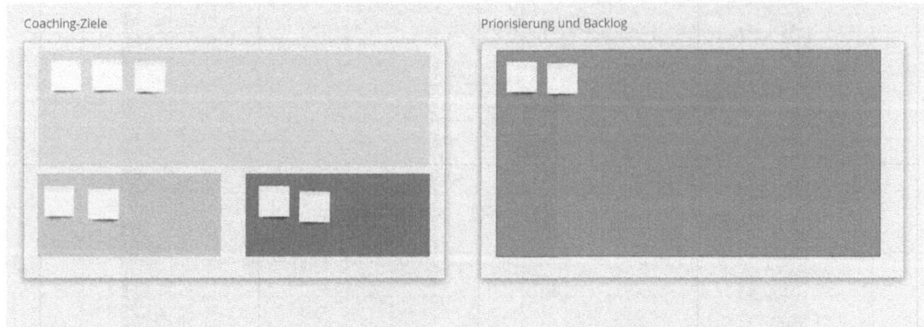

Abb. 2.2 Ziele-Canvas und Arbeitsvorrat auf einem digitalen Whiteboard

Ob und in welcher Detailtiefe die Ziele und Details aus diesem Prozess an den:die Auftraggeber des Coachings (Führungskraft, Personalabteilung) weiterkommuniziert werden, obliegt immer und ausschließlich dem:der Coachee. Dies sollte im Auftragsklärungsgespräch auch bereits so miteinander vereinbart werden. Sicher ist gerade zur Beobachtung und Rückmeldung von Veränderungen im Verhalten des Coachees im Laufe des Coachingprozesses hilfreich, wenn die beobachtenden Personen etwas mehr Detailinformation hierzu erhalten. Dies zu entscheiden, obliegt jedoch stets dem Coachee. Manchmal ist es allerdings nützlich, diese Frage im Verlauf des Coachingprozesses immer wieder in den Blick zu nehmen und entweder nach Beobachtungen durch Dritte fragen zu lassen oder mit dem Coachee erneut in die Reflexion zu gehen, wo eine Kommunikation der Ziele über das bisherige Maß hinaus hilfreich sein kann.

2.2 Die Landschaft erkunden

Um an den definierten Coaching-Zielen bestmöglich arbeiten zu können, ist es hilfreich, im nächsten Schritt im Coaching-Prozess die Landschaft, in der sich der:die Coachee bewegt, sichtbar und greifbar zu machen. Generell stellt sich für den Coaching-Prozess die Herausforderung, dass der:die Coach nur in sehr begrenztem Maße in die Lage versetzt wird, die Welt des Coachees unmittelbar zu erleben. In den meisten Fällen ist dies nur im Rahmen von Erzählungen des Coachees über ihr:sein Erleben möglich.

Um diese Welt sichtbarer, greifbarer und lebendiger, erlebbarer zu machen, eignet sich das Anfertigen einer Beziehungs-Landkarte (engl. Relationship Map), auf der die Coachee alle Verbindungen darstellt, die eine Rolle im Kontext des

Coaching-Anlasses spielen oder nach gemeinsamer Reflexion spielen könnten. Manchmal ist dies nämlich nicht so offensichtlich und ergibt sich aus der gemeinsamen detaillierteren Besprechung der vom Coachee während des Termins erstellten Landkarte.

Im virtuellen Raum eignen sich Zeichen-Apps, die man gemeinsam nutzen kann, sodass der:die Coachee beispielsweise mithilfe eines Tablets und eines entsprechenden Stifts die verschiedenen Verbindungen aufmalen und mit Symbolen erläutern kann. Im physischen Raum ist dies gut mit einer Metaplantafel und Brownpaper darstellbar, ein Flipchart bietet häufig für komplexere Darstellungen zu wenig Raum. Abb. 2.3 zeigt den Screenshot einer mit dieser Methode erstellten Landkarte, während Abb. 2.4 eine zusätzliche Variante zeigt: die Gestaltung der Landkarte mit Gegenständen, hier mit Legosteinen und -figuren.

Praxisbeispiel: Beziehungs-Landkarte

Abb. 2.3 zeigt eine Beziehungs-Landkarte, die von einer Coachee („A.“) entwickelt wurde. Sie war zu diesem Zeitpunkt eine von insgesamt sieben Gesellschafter:innen in einem kleinen Beratungsunternehmen – im Bild sind alle Gesellschafter:innen unterstrichen markiert. Auffallend sind die unterschiedlichen Linienstärken und -formen, die sie für die Darstellung gewählt hat, und die jeweils die Tiefe oder Oberflächlichkeit der Beziehung und des Vertrauensverhältnisses darstellen. Bereits auf den ersten Blick ist erkennbar, dass zu zwei Personen („R.“ und „B.“) eine sehr fundierte Vertrauensbeziehung besteht, während die Verbindung zu den anderen Mitgesellschafter:innen eher lose zu sein scheint. Mit einer Person hat sie einen deutlichen Konflikt, hier durch einen Blitz gekennzeichnet. Im Gespräch erläuterte die Coachee mir, dass hier ein bereits sehr lange vorhandener Wertekonflikt vorzufinden ist, der mal latent unter der Oberfläche schwelt und gelegentlich dann in unterschiedlicher Heftigkeit und Hitzigkeit ausbricht. Die Klientin beschreibt dies als eine Art Vulkan, bei dem man nie so genau weiß, wann er wieder Feuer und Lava spuckt.

Außerdem sind weitere Kolleg:innen eingezeichnet, zu denen eher lose Bindungen bestehen. Diese gehören nicht zum Kreise der Gesellschafter:innen. Und es gibt eine Verbindung, die besonders zu sein scheint, unten durch die Schlangenlinie gekennzeichnet. Hierbei handelt es sich um die Inhaberin eines Konkurrenzunternehmens, die bereits mehrfach versucht hat, die Coachee für einen Wechsel in ihr Unternehmen zu gewinnen; allerdings weist die Beziehung Höhen und Tiefen auf, weshalb hier ein innerer Konflikt zutage tritt. Sowohl diesen als auch den latenten Konflikt mit dem Mitglied des Gesellschafter:innenkreises haben wir im weiteren Verlauf des Coachingprozesses detaillierter bearbeitet.

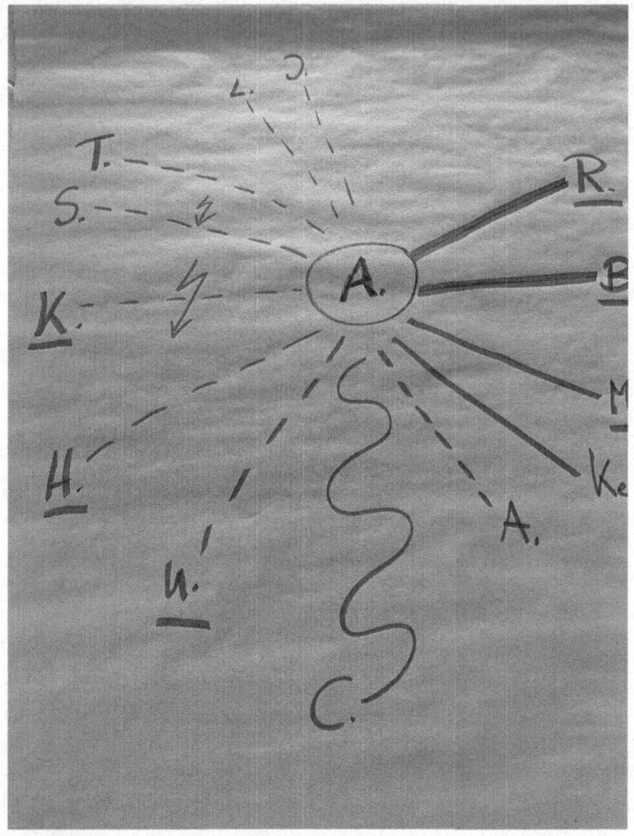

Abb. 2.3 Beziehungs-Landkarte

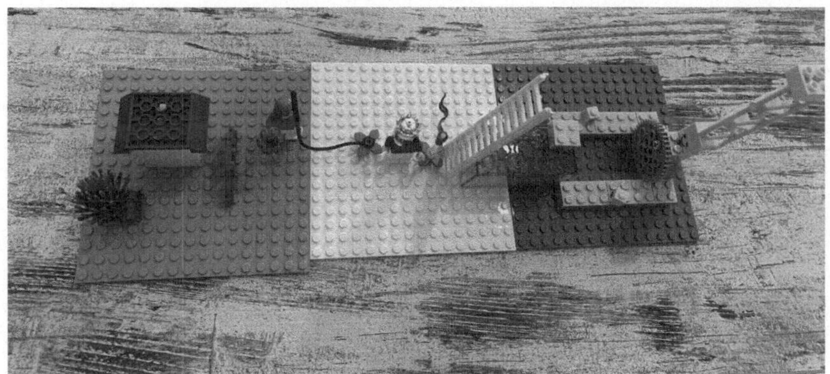

Abb. 2.4 Die Landkarte des Coachees als LEGO®-Modell

Praxisbeispiel: LEGO® Beziehungs-Landkarte

In Abb. 2.4 sowie unten in den jeweiligen Detailansichten 4a, 4b und 4c findet sich die Beziehungs-Landkarte als LEGO®-Modell dargestellt. Hier ist deutlich weniger Detailtiefe bezüglich der individuellen Beziehungen zu einzelnen Personen hinterlegt; es geht vielmehr um den Konflikt zwischen der privaten Partnerschaftswelt (4a) und der Karrierewelt (4c) des Coachees (4b).

Der Coachee stand zum Zeitpunkt unserer Arbeit, wie durch die parallel zueinander angeordneten Platten im LEGO®-Modell deutlich wird, an einer Art Scheideweg: der Frage, wieviel Zeit und Ressourcen er für die Partnerschaft und noch zu gründende Familie auf der einen Seite (4a) reservieren möchte und wie dies im Zusammenspiel mit dem Thema Karriere (4c) gelingen kann. Der Übergang von seiner eigenen Platte ist dargestellt durch die (Karriere-)Leiter, die ihn in die Arbeitswelt bringen würde. Dort wirkt allerdings alles eher mechanisch und kalt, während sowohl um ihm herum (4b) als auch in der Partnerschaftswelt durch Grünpflanzen seine Liebe zur Natur gekennzeichnet ist.

Abb. 2.4a zeigt, dass in der Partnerschaftswelt die Partnerin des Coachees die Verbindung in der Hand hält. Eine Verantwortung, die, wie sich im Laufe des Coachingprozesses herausstellte, schwer auf ihm lastete, da sie bisher nicht geteilt war, sondern er seiner Partnerin quasi auferlegt hatte, den Kontakt zwischen beiden Welten nicht abreißen zu lassen. Sie war es, die alle Sozialkontakte des Paars managte, die sich um den Privathaushalt weitestgehend alleine kümmerte und die daher auch in Sorge war, wenn es um die Zukunft und potenzielle Familiengründung ging. Dem Coachee war, bezogen auf sein eigenes Wertegebäude, sehr wichtig, als Vater aktiv und nicht nur hin und wieder vorhanden zu sein, woraus sich ein klarer Veränderungsbedarf dieses Teils des Modells für die Zukunft ergab.

Abb. 2.4b zeigt den Coachee mit einer goldenen Krone auf dem Kopf, gleichzeitig aber mit einer Art Skelettgesicht. Er schilderte sein Empfinden bezüglich seiner aktuellen Situation als sehr stress- und konfliktbelastet – als hin- und hergezogen zwischen den beiden Welten, die er rechts und links von sich verortet hatte. Die Krone stand, so seine Schilderung, für das Privileg, dass sich einerseits sein Arbeitgeber sehr stark um ihn und seine Laufbahnplanung und Karrieremöglichkeiten bemühte. Es stand ein recht gut dotiertes Vertragsangebot für den nächsten Karriereschritt im Raum. Auf der anderen Seite war er aber auch deshalb privilegiert, weil seine Partnerin ihm im privaten Bereich komplett den Rücken freihielt und dort alles auf sich selbst nahm – etwas, das er jedoch als inneren Konflikt empfand, weil er immer wieder die Sorge hatte, irgendwann würde ihr das zu viel.

Abb. 2.4c schließlich zeigt den beruflichen Bereich, der sehr mechanisch und aufgeräumt aussieht. Personen sind lediglich durch die gelben Augen-Steine symbolisiert, und die Führungskraft wirkt recht bedrohlich durch das übergroße Steuerrad und den Aufbau auf dem Kopf. Dorthin gelangen kann der Coachee nur, wenn er die übergroße weiße Leiter hinaufsteigt, und ob er dann den zwar hohen und breiten, dennoch aber durch die Transparenz nicht gut erkennbaren und spürbaren Übergang sicher erreichen kann, war unklar.

Im Coachingprozess fokussierten wir zunächst auf seine Werte und seine Zukunftsvision, die er als Collage erstellte. Bei der Besprechung dieser Collage wurde deutlich, dass ihm seine (zukünftige) Familie deutlich wichtiger war als der (vorgezeichnete) Karrierepfad im Unternehmen, und so entschied er sich gegen das Vertragsangebot und für den Wechsel in ein kleines Unternehmen mit einer Position, die ihm erlaubte, mehr Zeit mit seiner Partnerin zu verbringen und für die Zukunft der Familie ausreichend Platz im Leben einzuräumen.

2.3 Am Coaching-Anliegen arbeiten

Man könnte versucht sein, diese Phase als die eigentliche Coaching-Arbeit zu bezeichnen. Doch häufig erlebe ich in Coaching-Prozessen, dass die Bedeutung der Zielklärung wie auch der Auseinandersetzung mit der Landkarte des Coachees bereits einiges an Arbeit leistet. Oft verändern sich Coaching-Ziele oder ihre Bedeutung für den Coachee, ggf. auch die damit verbundenen Chancen und Risiken nochmals, wenn wir die Landschaft erkunden, in die sie eingebettet sind.

Nichtsdestotrotz ist der Hauptteil des Coaching-Prozesses die Zeit, in der die intensive Arbeit an den Zielen des Coachees stattfindet. Und gerade in dieser Phase des Coaching-Prozesses sind Aktivierung und Visualisierung von zentraler Bedeutung. Wenn zusätzliche Sinne und Kanäle angesprochen werden, verdichtet sich die Bearbeitung des Anliegens, verdichtet sich auch die Wahrnehmung dessen, was ist und was künftig sein soll, und gelingt es dem:der Coachee nach meiner Erfahrung deutlich schneller und effektiver, zu Erkenntnissen und Lösungsoptionen zu kommen.

Ein für mich besonders prägnantes Beispiel ist die Arbeit mit einer männlichen Führungskraft in einem Software-Konzern vor einigen Jahren, dessen Coaching-Anliegen es war herauszufinden, ob er gehen oder bleiben soll. Das ist kein ungewöhnliches Anliegen, viele Führungskräfte stellen sich diese Frage an unterschiedlichen Stellen in ihrer Karriere, und nicht immer hat das etwas mit Frustration zu tun. In diesem Falle jedoch resultierte das Coaching-Anliegen aus dem erneuten Erleben von Ohnmacht und deutlicher Unterschiedlichkeit im Blick auf die Welt zwischen meinem Coachee und dessen unmittelbarer Umgebung im Unternehmen: Es gab massive Werte-Unterschiede zwischen ihm und seinem direkten sowie der nächsthöheren Vorgesetzten. Darauf kamen wir jedoch nicht sofort, sondern ich setze nach erfolgter Zielklärung und dem Betrachten der auf einem Brownpaper erstellten Beziehungslandkarte eine klassische Arbeitsaufgabe in der Visionsarbeit ein: das Erstellen einer Collage. Hermann, so nennen wir meinen Coachee hier einmal, erhielt von mir die Aufgabe, bis zum nächsten Termin eine Collage zu erstellen, in der er sein Wunschbild, seine Vision, seine Interpretation von Erfolg darstellen und dabei bildlich zusammentragen sollte, was sein Kopf, aber auch, was sein Herz und sein Bauch dazu zu sagen haben.

Aus Gründen der Vertraulichkeit nutze ich hier nicht die Original-Collage, die Hermann seinerzeit erstellte, sondern meinen eigenen „Nachbau“ (siehe Abb. 2.5). Zentral im Bild ist das Motiv des Vogelkäfigs, in dem er sich im „Jetzt“ seinerzeit gefangen fühlte und aus dem auszubrechen für ihn das wichtigste

Merkmal seiner Zukunftsvision war. Freiheit und Unabhängigkeit waren zentrale Werte für ihn, und durch das Besprechen seiner Collage konnten wir herausarbeiten, dass es im wahren Wortsinne für ihn überlebensnotwendig war, den Käfig verlassen und sich frei bewegen zu können. Außerdem erkannten wir, dass dies nicht notwendigerweise das Verlassen des Unternehmens bedeutete (er ist dort bis heute noch beschäftigt); vielmehr leiteten wir mit diesem Fortschritt im Coachingprozess eine Reihe sehr tiefgreifender Auseinandersetzungen zwischen ihm und seinen beiden Vorgesetzten zum Thema Werte und Bedürfnisse ein. In diesen Gesprächen gelang es ihm, seine Bedürfnisse und sein Wertegebäude verständlich zu machen, vor allem, welche Bedeutung es für ihn hatte, dass es eine recht große Schnittmenge zwischen seinen Wertvorstellungen und den gelebten Werten im Unternehmen, insbesondere durch seine beiden direkten Vorgesetzten, gab. Dies war bis dahin nicht der Fall gewesen, und durch die Auseinandersetzung konnten Vereinbarungen dazu getroffen werden, wie eine größere Schnittmenge erreicht werden sollte.

Praxisbeispiel: Collage

Wie bereits geschildert, war der zentrale Aspekt in Hermanns Collage das Bild des Vogelkäfigs, in dem er sich gefangen fühlte, da seine Werte seinem Empfinden nach (teilweise massiv) eingeschränkt wurden. In der Zusammenarbeit mit seinen beiden Vorgesetzten hatte es in den Jahren zuvor immer wieder Situationen gegeben, in denen er seinem Team Informationen vorenthalten musste, in denen geplante Veränderungen im „stillen Kämmerlein" geplant und besprochen, dem Team dann aber erst mitgeteilt wurden, wenn bereits alles irreversibel entschieden war. Auch er selbst als Führungskraft des Teams wurde dabei meist nur am Ende in Kenntnis gesetzt, ohne etwas mitentscheiden zu können oder aufgrund seiner tieferen Kenntnis der Themen und der Personen zumindest angehört zu werden und die geplanten Veränderungen noch beeinflussen zu können. Was er sich stattdessen wünschte, waren Respekt und Integrität, und zwar in einer gesunden Balance sowohl ihm gegenüber als auch seinerseits gegenüber allen Personen, mit denen er zusammenarbeitete. Bis zu diesem Zeitpunkt hatte er den Eindruck, seine eigene Integrität sei nicht so hoch, wie sie hätte sein können, da er in der Möglichkeit, dem Team zu vertrauen und es wertzuschätzen und einzubinden, immer wieder beschnitten wurde. Überdies empfand er mangelnden Respekt seiner Person gegenüber und verlor dadurch auch nach und nach den Respekt vor seinen beiden Führungskräften.

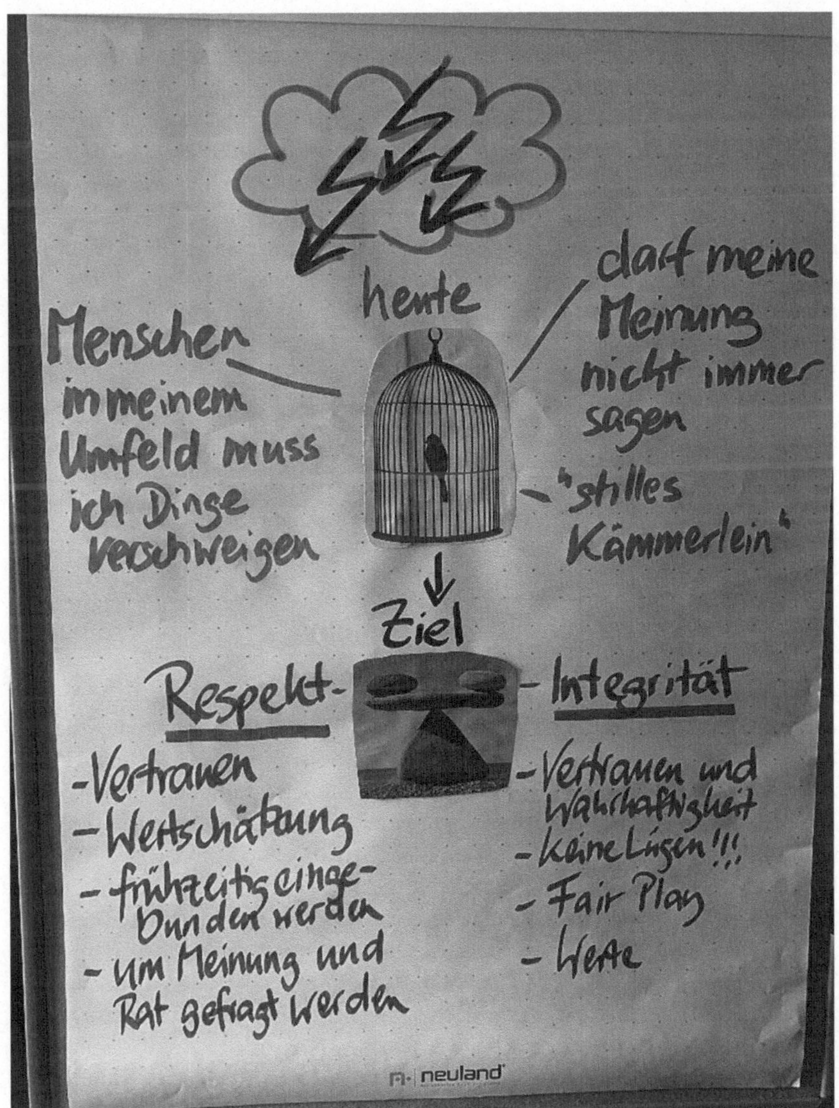

Abb. 2.5 Visions-Collage

Dass Menschen Klarheit erwarten, wo es um Zusammenarbeit geht, ist nachvollziehbar. Gleichzeitig ist meiner Erfahrung nach die Wahrscheinlichkeit sehr viel höher, dass unausgesprochene, ungeklärte gegenseitige Erwartungen nicht so nah aneinander sind, wie die Beteiligten es sich erhoffen. In einer Befragung des Stellenportals Stepstone (abgerufen unter www.statista.com) unter Fach- und Führungskräften 2019 gaben 27,7 % der Befragten als Kündigungsgrund an, die Unternehmenskultur passe nicht zu ihnen. Dahinter versteckt sich häufig eine enttäuschte Erwartung, denn in dem Moment, in dem man sich für ein Unternehmen, eine Organisation, entscheidet, entscheidet man sich für das Bild, das man davon hat, wie es wohl in dieser Organisation sein wird – für die Kultur also. Nicht selten unterliegen Beschäftigte hier jedoch einer Täuschung (die dann als Ent-Täuschung, also aufgedeckte Täuschung, letztendlich zur Kündigung führt).

Nun lässt sich recht einfach überschlagen, wieviel Effektivität Organisationen gewinnen und wieviel Neubesetzungskosten sie sparen können, wenn die Häufigkeit enttäuschter Erwartungen mittels bewusster Klärungsprozesse reduziert werden kann. Hier leistet Coaching und hier leisten insbesondere Visualisierungsmethoden im Coaching einen wichtigen Beitrag.

2.4 Bewegung in Konflikte bringen

Dass Konfliktsituationen verfahren seien, ist eine häufig verwendete Formulierung. Oft werden sie auch mit Eigenschaften beschrieben, die auf haptisches, sensuelles Empfinden hindeuten: sie kochen hoch, sie spitzen sich zu, sie sind heiß, die Atmosphäre ist abgekühlt etc. In seiner Beschreibung der unterschiedlichen Eskalationsstufen von Konflikten greift auch Friedrich Glasl in seinem bereits in den 1980er Jahren entwickelten Modell der Konflikt-Eskalationsstufen auf eine sehr bildhafte Sprache zurück (vgl. Glasl 2007). Diese Sprache ist sehr plakativ, die einzelnen Eskalationsstufen sind mit Titeln wie „Taten statt Worte“ oder „Gemeinsam in den Abgrund“ bezeichnet. Bereits die Verwendung eines solchen Modells kann im Einzel- oder auch Teamcoaching zu mehr Klarheit führen, denn je nach Stufe kann auch unterschieden werden, ob eine Konfliktbearbeitung noch innerhalb des Kreises der Konfliktbeteiligten gelingen kann, oder ob es externer Ressourcen bedarf, um den Konflikt zu bearbeiten.

Sowohl im Einzel- als auch im Teamcoaching bietet sich darüber hinaus Aufstellungsarbeit an, um Konfliktsituationen sichtbarer und greifbarer für die Bearbeitung zu machen. Aufstellung bedeutet hier, dass mithilfe sogenannter Repräsentanten (das können Personen, aber auch Spielfiguren oder Klebezettel oder mehrere Blatt Papier sein, die auf den Boden oder auf einen Tisch gelegt werden) das Konfliktsystem bildlich und räumlich dargestellt wird. Neben Spielfiguren, die zumindest in vielen Kinderzimmern verfügbar sind (beispielsweise LEGO® oder Playmobil®) gibt es auch die Möglichkeit, Spielfiguren von Brettspielen zu verwenden oder aber mit einem speziell für Coaches und Berater:innen konzipierten Aufstellungs-Set zu arbeiten. Ich selbst nutze das in Abb. 2.6 verwendete Holz-Set sehr gerne in Verbindung mit den dort ebenfalls gezeigten bikablo® Icons-Karten, mit denen Emotionen dargestellt werden können. Abb. 2.6 zeigt die Aufstellung eines Konflikts, den ich im Rahmen einer Kollegialen Beratung mit einer Kollegin räumlich dargestellt habe.

Abb. 2.6 Aufstellung einer Konfliktsituation

Aufstellung bedeutet hier, dass das System des Konflikts, also die räumliche Verortung der Beteiligten zueinander, mithilfe der Holzfiguren dargestellt wird. Die Figuren, das lässt sich bei der gelben und der grünen Figur erkennen, haben aufgemalte Gesichter, wodurch ihre Blickrichtung darstellbar ist. Die Emotionskarten helfen dabei, wichtige Zusatzinformationen darzustellen; hier im Bild beispielsweise verhält sich die gelbe Figur eher abwartend. Die naturbelassene Holzfigur richtet den Blick weg von den anderen Beteiligten und verhält sich suchend, Ausschau haltend. Die Karte der grünen Figur zeigt einen Daumen, der nach unten gerichtet ist, dies drückt negatives Empfinden für bzw. eine ablehnende Haltung gegenüber der Situation aus.

Bei einer Aufstellung obliegt es der Klientin, die Repräsentanten für die am Konflikt Beteiligten im Raum so aufzustellen und auszurichten, dass das so entstehende System möglichst genau das Bild widerspiegelt, das die:der Coachee von der Konfliktsituation im Inneren trägt. Hier ist häufig sehr hilfreich, dies nicht nur in dialogischer Form und demnach sehr verkopft zu bearbeiten. Durch die räumliche Darstellung und den Moment des Bewegens der einzelnen Elemente, des Ausrichtens im Raum, lässt sich zusätzlich das Empfinden des Coachees, das Unterbewusste als Inspiration und Informationsquelle hinzuziehen. Unzählige Male habe ich in den unterschiedlichsten Varianten der Aufstellungsarbeit erlebt, dass Klient:innen Elemente bewegt, abgesetzt und dann nochmals aufgenommen und neu ausgerichtet haben, weil es sich „noch nicht richtig anfühlte". Manchmal sagt uns insbesondere in Konfliktsituationen der Verstand das Eine, während das Gefühl weitere Informationen transportiert. Und gerade die Suche nach Bearbeitungswegen, nach Lösungsoptionen gestaltet sich rein auf Verstandesebene oft schwierig. Wäre es so einfach, wäre der Konflikt ja auch schon längst gelöst!

Nachdem die:der Coachee die Ist-Situation aufgestellt hat (Tipp: sobald sich das für den:die Klient:in stimmig anfühlt, unbedingt ein Foto machen!), lässt sich in einem zweiten Bild zu der Frage arbeiten, wie es denn sein müsste, damit es gut ist. Nun gibt es zwei Varianten: Wir können das Ist-Bild stehen lassen. Das hat den Vorteil, dass Veränderungen recht deutlich sichtbar sind, wenn beide Bilder letztendlich nebeneinander stehen. Manchmal hat es aber auch den Nachteil, dass Offenheit und Kreativität bei der Fokussierung der künftigen Situation durch die Sichtbarkeit des Status Quo eingeschränkt werden. Im Übrigen kann es sensorisch unterstützen, die aktuelle Situation bewusst aufzulösen, den Veränderungsprozess bewusst haptisch vorzunehmen, um ihn dann auch in der Realität besser prozessieren zu können. In diesem Fall besteht die zweite Variante darin, die aufgestellten Figuren aus Bild 1 so zu bewegen, ihre Position im Raum, ihre Blickrichtung sowie etwaige zusätzliche Informationen so zu verändern und anzupassen, dass sich eine stimmige neue Konstellation ergibt. Stimmig bedeutet, dass sie sich als Zukunftsbild für den:die Coachee richtig anfühlt. Auch vom so entstandenen Zielbild sollte, sobald es sich eben als stimmig erwiesen hat, ein Foto gemacht werden. So lassen sich beide Konstellationen bildlich nebeneinander stellen, und im weiteren Verlauf des Coachingprozesses kann besprochen und erarbeitet werden, was wer tun oder unterlassen kann, um vom Status Quo näher zum Zielbild zu gelangen.

Im virtuellen Raum lässt sich eine solche Aufstellungsarbeit sowohl im Einzel- als auch im Teamcoaching ebenfalls gut darstellen. Wichtig ist hier, vorab gemeinsam zu entscheiden, mit welchen Materialien gearbeitet werden soll. Eventuell ist hier am einfachsten, Material zu nutzen, das – im Falle des Einzelcoachings – beim Coachee vor Ort verfügbar ist. Falls dies keine Figuren sind (manche Klient:innen bedienen sich gerne auch mal bei den Kids mit Bauklötzen oder Spielfiguren), können auch einfach Klebezettel oder Papier verwendet werden. Hier ist lediglich zu beachten, dass Symbole festgelegt und in einer Legende vorgehalten werden sollten, damit auch später noch nachvollziehbar ist, was womit gemeint war. Alternativ lassen sich alle greifbaren Alltagsgegenstände verwenden, die nicht zu groß sind und auf einer festgelegten Fläche Platz finden. Ich habe beispielsweise einmal in einem Clubhaus auf einem Golfplatz gemeinsam mit einer Kollegin eine Aufstellung zu einer Konfliktsituation mit Zuckerdose, Milchkännchen und Tassen gemacht. Letztendlich sind die Materialien, die verwendet werden, ja lediglich Repräsentant:innen für die tatsächlichen Akteure – es wird ihnen also ohnehin jeweils eine neue Bedeutung beigemessen, die bei der Erläuterung dessen, was aufgestellt wurde, ausgesprochen wird. Dies sollte immer auch festgehalten werden, im Zweifelsfall durch eine etwas ausführlicher formulierte Beschreibung seitens des Coachs, die in die Dokumentation des Termins eingeht.

2.5 Eine Führungsvision kreieren

Aus dem Marketing ist uns der Begriff der „Brand“, der Marke, relativ geläufig. Es gibt, je nach Generation, Region, Sozialisation etc., verschiedene Marken, mit denen wir uns besser identifizieren können als mit anderen. Es gibt sogar einige Marken, die in den normalen Sprachgebrauch übergegangen sind, beispielsweise „Uhu“ oder „Pritt-Stift“ als Oberbegriff für Klebstoffe zum Basteln oder „Tempo“ als Synonym für Papiertaschentücher. Der Begriff der Arbeitgebermarke, der sogenannten „Employer Brand“, hat ebenfalls in den letzten knapp zwei Jahrzehnten Einzug in die Personalarbeit gehalten. Hier wird beschrieben, was ein Unternehmen oder generell eine Organisation als Arbeitgeber ausmacht, umgangssprachlich formuliert: wie es ist, hier zu arbeiten. Diese Positionierung ist nicht unerheblich, wenn es um die gegenseitigen Erwartungen zwischen Arbeitnehmer:in und Arbeitgeber:in geht und um die Frage, wie gut man zueinander passt.

Ein ähnliches Vorgehen bietet sich an, wenn Führungskräfte Klarheit dazu entwickeln wollen, wer sie als Führungskraft sein und wie sie wirken möchten. Diese Marke wird dann auch als Leadership Brand, als Führungsmarke, bezeichnet. Um sich diesem Markenbild zu nähern, empfiehlt sich ein kreativer Visionsprozess entlang der Frage: „Wie lässt sich meine Leadership Brand bildlich/plastisch darstellen?“ Hier gibt es verschiedene Varianten, wie dieser Prozess sichtbar und greifbar geschehen kann. Eine wirklich nachhaltig beeindruckende Variante, die ich vor nicht allzu langer Zeit mit einer Führungskraft mit technischem Hintergrund gemacht habe, war ausgesprochen sinnbildlich für das Motiv des „Denkens mit den Händen“: Er nutzte FIMO, um eine Art Avatar, ein Abbild seiner selbst als Führungskraft zu entwickeln, so wie er sich seine Leadership Brand vorstellt. FIMO ist Modelliermasse der Firma Staedtler, die im Ofen ausgehärtet wird, nachdem das Produkt fertig geformt wurde. Abb. 2.7 zeigt den „Bausatz“, der durch den Coachee erstellt wurde. Zusätzlich zur Figur gab es weitere Utensilien, die eine bestimmte Bedeutung haben – beispielsweise der Kopf mit weit geöffnetem Mund, der dafür steht, laut und deutlich Ansagen zu machen.

Was diese sichtbare und greifbare Darstellung der individuellen Führungsvision so besonders macht, ist nicht notwendigerweise das Endergebnis. Während des Prozesses, den die:der Coach immer live beobachten sollte (also bitte keine Vorarbeit zulassen!), ist es ausgesprochen spannend wahrzunehmen, was im Innen und im Außen des Coachees vor sich geht. Hier ist besonders wichtig, sich als Coach auf die bevorzugten Kommunikationskanäle des Coachees einzustellen. Für manche Menschen ist es in einem solchen Kreationsprozess möglich und hilfreich, währenddessen laut zu denken und auch Empfindungen über Sprache mitzuteilen. Bei anderen Personen wiederum kann das den Prozess zum Stocken bringen. Dann empfiehlt sich eher, als Coach zu beobachten, was mimisch und körpersprachlich wahrzunehmen ist, und dies dann im Anschluss an den Schaffensprozess mit dem Coachee nachzubesprechen. Von zentraler Wichtigkeit ist, mit der:dem Klient:in nach der Fertigstellung zu besprechen, was das Modell und was die einzelnen Komponenten für sie:ihn bedeuten. Der Coach sollte sich Begriffe, die bei der Beschreibung durch die Coachee verwendet

Abb. 2.7 Führungsvision aus FIMO-Knete

werden, möglichst wörtlich aufschreiben und genau so auch im weiteren Prozess verwenden, insbesondere, wenn daran Merkmale einer (Teil-) Zielerreichung gekoppelt sind. In meinem Beispiel könnten das die „klaren Ansagen" sein, ansonsten jedes andere Merkmal, das der:die Coachee in der Beschreibung der Leadership Brand verwendet.

Auch hier muss im virtuellen Raum nicht notwendigerweise etwas verloren gehen. Ohnehin sollte die:der Coach tunlichst unterlassen, selbst beim Gestaltungsprozess mitzutun, auch wenn es verlockend sein mag, eigene Ideen einzubringen. Bleiben Sie lieber beim Fragenstellen und bei der Verständnisklärung, und notieren Sie, was Sie überdies beobachten und welche Fragen Sie sich dazu stellen. Gerade im Falle der virtuellen Coaching-Arbeit ist immens hilfreich, viele Fragen zu stellen und Beobachtungen in die Kommunikation zu bringen, damit möglichst wenige bis keine Aspekte des Modells verloren gehen.

Wenn ich schreibe, „welche Fragen Sie sich dazu stellen", meine ich damit insbesondere die Fragen, die sich in Ihrem Innen entwickeln, während Sie den Prozess beobachten und reflektieren. Der innere Dialog ist an dieser Stelle (und generell im Coachingprozess) besonders hilfreich, denn er hilft dem:der Coachee, mit einer weiteren Perspektive auf das zu blicken, was ihn:sie im Prozess bewegt. Wenn Sie sich als Coach also innerlich fragen, was gerade dieses und jenes bedeutet; warum die Coachee Thema X gerade so und nicht anders darstellt; wie es kommt, dass er:sie plötzlich ganz andere Begriffe oder Bilder für etwas verwendet, als Sie dies bisher in der dialogischen Kommunikation wahrgenommen haben etc. – dann ist es ausgesprochen hilfreich für den Reflexions- und Erkenntnisprozess, genau diese Fragen laut in den Raum zu stellen. Sie können dies immer gut einleiten, indem Sie so etwas sagen wie: „Als Sie gerade XY sagten, habe ich mich gefragt, wie es kommt, dass Sie dieses Wort verwenden und nicht Z, das Sie bisher verwendet haben. Was hat Sie dazu bewegt?" Und ggf. weiter: „Was sagt Ihnen das?" oder „Was bedeutet dieser Unterschied für die weitere Arbeit an diesem Thema?" Als ausgesprochen hilfreich erlebe ich auch immer wieder im Coaching, meine Empfindungen entlang des Prozesses zur Sprache zu bringen. Ein Klassiker ist hier die Inkongruenz zwischen etwas, das ein:e Coachee sagt und dem, was auf ihrem:seinem Gesicht oder Körper gleichzeitig zu beobachten ist. Wenn sie also von Stolz auf ein erreichtes Ziel berichtet und dabei der Körper sich sichtlich verkrampft; oder wenn er über Personen spricht und bei der Erwähnung einer dieser Personen eine körperlich ganz andere Reaktion wahrzunehmen ist; dann ist es in jedem Falle hilfreich, wenn Sie als Coach in Resonanz gehen und das, was Sie empfinden, zur Sprache bringen. Es kann immer noch sein, dass Ihr Gegenüber sagt: „Wirklich? Nein, eigentlich gar nicht!" Und wenn das so vom Coachee empfunden wird, ist das natürlich völlig in Ordnung. Oft habe ich jedoch die Erfahrung gemacht, dass es gute Gründe gibt, warum eine Person dies eben selbst nicht bemerkt, und mit dem, was Sie an Resonanz in die Kommunikation bringen, bewirken Sie zumindest immer eine Reflexion darüber. Manchmal stellt sich eine Erkenntnis dazu auch erst nach einiger Zeit ein. Und selbst wenn nicht: Hätten Sie Ihre Wahrnehmung nicht ausgesprochen, hätte die:der Coachee gar keine Gelegenheit bekommen, darüber nachzudenken!

2.6 LEGO® Serious Play® als Instrument für die Begleitung eines gesamten Coachingprozesses

Gerade bei der Visionsarbeit bietet sich die Verwendung von Steinen und Figuren an, zum Beispiel von LEGO®. Als ich begann, LEGO® nicht nur für Trainings und Workshops als Übungsmaterial zu verwenden, sondern als spielerisches Mittel, um Coachingergebnisse sichtbarer und greifbarer zu machen, hatte ich schnell das Bedürfnis nach Struktur. So habe ich einen Plan aufgestellt, der LEGO® Serious Play® konsequent im Rahmen eines Einzelcoachingprozesses nutzt. Nachfolgend findet sich eine entsprechende Beschreibung der einzelnen Stationen, die für die Planung eines Coachingprozesses als Vorlage verwendet werden kann. Wichtig ist, zu Beginn ein wenig spielerisch das sogenannte Skill Building vorzunehmen. Dabei geht es weniger um die technischen Baufertigkeiten eines Coachees, sondern vielmehr darum, sich an die Verwendung der Steine und Figuren ein wenig zu gewöhnen und diese als Metaphern zu nutzen. So kann ein einzelner Stein für ein ganzes Thema stehen (beispielsweise für „Erfolg" oder „Familie"), ohne dass ich es mehr oder weniger originalgetreu nachbauen muss.

Wir starten also den sichtbaren und greifbaren Coachingprozess damit, die:den Coachee zu bitten, eine Brücke zu bauen. Hinweis: Ich verwende, je nach Kontext und Intensität, drei verschiedene Varianten von Material:

- das LEGO® Serious Play® Starter Kit, das es bei LEGO® so zu kaufen gibt
- das sogenannte Window Exploration Bag, das nur im Set mit 100 Einzelbeuteln erhältlich ist und deutlich weniger Teile enthält als das Starter Kit, insbesondere keine Verbindungsteile, die manchmal sehr hilfreich sind
- eine selbst von mir oder vom Coachee zusammengestellte „Spielkiste" (von LEGO® Serious Play® Facilitators auch sehr herzlich als „Legosuppe" bezeichnet) mit allen möglichen Steinen und Figuren, frei nach dem Motto: was verfügbar ist

Im virtuellen Coaching-Setting bietet sich an, ein entsprechendes Set entweder vor Beginn zu versenden oder aber mit dem:der Coachee zu besprechen, was sie:er zur Verfügung hat. Aus diesen Steinen nun soll der:die Coachee eine Brücke bauen – und je nachdem, in welche Richtung wir die Arbeit lenken wollen, können wir Kriterien einbauen, etwa: „Hierfür darf jede Bausteinart nur einmal verwendet werden.“ Oder: „Baue diese Brücke so, wie du Legosteine bisher noch nie zusammengebaut hast.“ Oder auch: „Verwende dafür mindestens fünf unterschiedliche Arten von Legosteinen.“ Das regt auch das Denken in Metaphern an, sodass beispielsweise das Wasser unter der Brücke einfach nur durch eine blaue Platte oder gar einen einzelnen blauen Stein symbolisiert werden kann. Vielleicht befindet sich auch gerade ein graues Auto auf der Brücke, siehe Abb. 2.8. Merke: Relevant ist nicht, was der:die Coach im Modell sieht, sondern welche Bedeutung die:der Klient:in dem Modell und seinen Komponenten gibt. Deshalb ist die Besprechung dessen immer mindestens genauso wichtig wie der Bauvorgang.

Nachdem nun das Skill Building spielerisch absolviert wurde, kann es mit dem eigentlichen Modellbau losgehen. Entsprechend lautet die nächste Aufgabe für die:den Coachee: „Baue ein Modell von dir selbst – so, wie du dich heute wahrnimmst!“ Hier setze ich als Coach den Rahmen, indem ich sowohl mit der Auswahl des Sets als auch mit Hinweisen zur Größe (zu verwendende Platte als Basis) den Fokus enger oder breiter wähle. Falls die:der Coachee bisher noch keine klare Vorstellung hat, kann es hilfreich sein, der Kreativität viel Raum zu geben.

Abb. 2.8 LEGO® Serious Play® Skill Building

Wer mit LEGO® oder ähnlichen Methoden im Coaching arbeitet, stellt schnell fest: Selbst wenn zu Beginn noch keine klare Idee greifbar ist, entsteht diese beim Bauen. Hier ist es wichtig, als Coach den Prozess entsprechend zu begleiten. Wenn das Bauen ins Stocken gerät oder gar der Start schwerfällt, ist es wichtig, der:dem Klient:in die Sorge zu nehmen, indem Sie den Hinweis geben, einfach loszubauen: Den ersten Stein in die Hand nehmen, dann den zweiten, los geht's. Es kann jederzeit verworfen, neu gewählt, neu gestartet werden. Und es ist nicht wichtig, wie etwas aussieht oder auf andere wirkt, denn die Bedeutung, die der:die Coachee dem Modell gibt, erläutert er:sie ja ohnehin im Anschluss selbst.

Eine sehr hilfreiche Coachingfrage am Ende des Bauprozesses, wenn es an das Besprechen des Modells geht, ist die nach Ähnlichkeiten und Unterschieden: „An wen erinnert dich dieses Modell? Oder wovon unterscheidet es sich sehr deutlich?" Wichtig: Wir sind derzeit noch im Hier und Jetzt, noch nicht in der Zukunftsarbeit. Das heißt, dass es durchaus Merkmale am Modell geben wird, die der Coachee nicht gut oder hilfreich findet und verändern möchte, auch wenn der Weg dorthin bisher nicht sichtbar ist.

Sobald das Modell in seinem ersten Stadium ausführlich besprochen ist, kann der nächste Schritt erfolgen: Der Auftrag an den Coachee, das Modell um seine:ihre Superkraft als Führungspersönlichkeit zu ergänzen. Das dient insbesondere zur Identifikation einer zentralen Ressource, die bei der Entwicklung hin zur noch zu definierenden Zukunftsvision hilfreich sein kann. In der Besprechung können wir nun auch noch einen Schritt weitergehen und uns darüber austauschen, inwiefern der Status Quo emotional aufgeladen ist, d. h. was an der derzeitigen Situation dem Coachee Kraft spendet und was ihr Kraft raubt. Diese Energielieferanten und Energiefresser sollten ebenfalls festgehalten werden – entweder am Rande des Modells oder auf Klebezetteln, Karten oder ähnlichem Dokumentationsmaterial.

In der nächsten Coaching-Session geht es nun darum, das Modell der Führungskraft in den Kontext einzubetten, in dem sie sich aktuell bewegt, und dann gemeinsam zu reflektieren, wo dieser Kontext hilfreich und wo er hinderlich ist. Wir schauen nun also auf das Gesamtsystem, in dem die Führungskraft sich bewegt. Hier kommen nun, wenn Sie mit LEGO® Serious Play® arbeiten, die Verbindungsteile, sogenannte Connectoren, zum Einsatz: Ketten, Netze, Drähte etc. symbolisieren beispielsweise, wo welche Beziehungen und Abhängigkeiten bestehen, wo Kommunikation stattfindet etc. Auch hier ist die Kreativität des Coachees leitend: er:sie entscheidet, wie was dargestellt wird. Eine zusätzliche Dimension kann (ggf. auf einer separaten Platte) gebaut werden, indem die:der Coachee sein:ihr inneres System ebenfalls als Modell baut. Damit sind die Gedanken, Emotionen und Stimmen gemeint, die ihn:sie zur als System gebauten

Abb. 2.9 Modell-Landschaft eines Coachees

Landschaft beschäftigen und bewegen. In Abb. 2.9 findet sich eine solche Gesamtlandschaft.

Der letzte Schritt besteht nun darin, dass der:die Coachee ein Modell von sich selbst als (ideale, angestrebte) Führungskraft in (beispielsweise) drei Jahren erstellt. Idealerweise entsteht so der Start für ein zweites, ein Zukunftsmodell-System, denn nun lässt sich rund um dieses Zukunftsführungsmodell auch wieder darstellen, wie die Führungskraft in dieses zukünftige System eingebettet sein wird. Auch das Bild der inneren Landkarte kann erneut erstellt werden, denn auch hier können die Unterschiede dann sichtbar und greifbar gemacht werden.

Im weiteren Verlauf des Coaching-Prozesses kann nun immer wieder auf das Modell oder die Modell-Landschaft, die die:der Coachee gebaut hat, zurückgegriffen werden, und zwar sowohl auf den Status Quo als auch auf die Zukunftsvision. Wenn beispielsweise erste Veränderungen vorgenommen werden, können Coach und Coachee gemeinsam mit Blick auf die Modelle reflektieren, wo sie erwarten, deren Auswirkungen beobachten zu können. Und wenn dann

Beobachtungen stattgefunden haben, kann überprüft werden, ob die Hypothesen so eingetroffen sind, oder ob andere oder zusätzliche Effekte zu beobachten sind.

Überdies können im Verlauf des Coachingprozesses auch immer wieder Anpassungen am Zukunftsbild vorgenommen werden. Wenn sich durch die Beobachtungs- und Reflexionsschleifen beispielsweise herausstellt, dass ein Aspekt, der ursprünglich erstrebenswert klang, sich als gar nicht so hilfreich erweist, kann das Modell an dieser Stelle entsprechend verändert und damit weiterentwickelt werden. Der gesamte Prozess sollte in seinem Verlauf immer wieder mit Fotografien dokumentiert werden, sodass auch problemlos wieder Elemente in ein früheres Stadium zurückgebaut oder Gedanken aus einer früheren Phase des Prozesses erneut aufgegriffen werden können.

2.7 Mit Visualisierung arbeiten

In den meisten Besprechungsräumen, in den Veranstaltungsbereichen großer Hotels und Konferenzzentren und mittlerweile in vielen Büros gibt es inzwischen verschiedene Möglichkeiten, besprochene Themen während eines dialogischen Prozesses zu visualisieren. Dabei ist häufig besonders hilfreich, weniger Worte und mehr Symbole, Zeichnungen oder Bilder zu verwenden. Bilder werden leichter erinnert, und sie lassen sich besser emotional aufladen, was ihre Verfestigung nochmals verstärkt.

Als Coach während einer laufenden Session Notizen zu machen, habe ich persönlich immer als große Herausforderung erlebt, nicht zuletzt, weil ich dann immer wieder mit meiner Aufmerksamkeit bei meinen Notizen bin und nicht bei der Person, die gerade über Themen spricht, die sie im Zweifelsfall massiv bewegen. Oft habe ich Irritation erlebt, Pausen oder das Bedürfnis zu warten, bis ich mich dem:der Coachee wieder zuwende, bevor sie:er weiterspricht. Das ist aus meiner Sicht wenig hilfreich für den Prozess, daher habe ich die schriftlichen Notizen, die nur für meine Unterlagen bestimmt sind, inzwischen auf ein absolutes Mindestmaß reduziert. Was ich nach wie vor notiere, sind Fragen, die mir durch den Kopf gehen, während ich dem:der Coachee zuhöre, sowie Beobachtungen, die ich in der Folge weiter überprüfen will, oder auch zentrale Verknüpfungen mit anderen Themen, die aufpoppen und die ich nicht vergessen möchte. Das meiste davon sind jedoch Dinge, die gut auch in die Dokumentation des Prozesses eingehen können und demnach Bestandteil der Visualisierung sein können und sollten.

Was die Visualisierung des Prozesses angeht, gibt es eine Vielzahl an Möglichkeiten, und natürlich hat jede und jeder von uns hier spezielle Präferenzen.

Manche schreiben Stichworte auf einem Flipchart, auf Moderationskarten oder Klebezetteln mit und hängen sie während des laufenden Prozesses sichtbar für alle Beteiligten im Raum auf. Das ist nach meiner Erfahrung dann hilfreich, wenn es um ein ohnehin eher wortlastiges Thema geht, beispielsweise um die Zielklärung, die wir bereits in Abschn. 2.1 betrachtet haben. Auf den dort gezeigten Vorlagen für ein Flipchart oder ein digitales Whiteboard sind einzelne Elemente, die aus geschriebenen Worten bestehen, eine gute Möglichkeit, um den Denkprozess mit zu visualisieren. Besonders wirksam ist dieser Prozess nach meiner Erfahrung dann, wenn hier ausreichend Zeit und „Hirnschmalz" darauf verwendet wird, dass aus den Worten Bilder werden. Die müssen nicht notwendigerweise gezeichnet werden, wenngleich dies ungemein hilft – völlig unabhängig davon, was man als Coach für künstlerische Fähigkeiten besitzt. Ziel hierbei ist nämlich viel eher, dem Coachee zurückzuspielen, welches Bild bei mir als Coach entsteht, wenn ich die Worte höre und verarbeite, die sie:er sagt. Wenn Sie also als Coach, anstatt die Worte, die Sie hören, hinzunehmen und zu notieren, immer wieder den Resonanzkörper spielen und zurückmelden, welche Bilder bei Ihnen entstehen, wird bereits das Coaching-Ziele (oder die verschiedenen Ziele) deutlich sichtbarer und greifbarer für ihre:n Klient:in – und damit auch besser erreichbar.

2.7.1 Alternative zum freihändigen Zeichnen: Vorlagen verwenden

Ich kann durchaus nachvollziehen, dass es für manche:n Coach eine Herausforderung ist, das im Coachingprozess Gesagte anders als nur mit Worten zu visualisieren, denn ich selbst bin alles andere als eine versierte Zeichnerin. Dennoch gibt es tolle Möglichkeiten, sich hier zu behelfen. Bereits in Abschn. 2.4, in dem es um die Darstellung von Konflikt-Konstellationen ging, habe ich die bikablo® Icons gezeigt, vorgedruckte Karten, mit denen sich im Prozess Emotionen oder Eindrücke bebildern lassen, ohne dass man entsprechende Icons oder Symbole selbst und freihändig zeichnen muss. Die Karten kann man super mithilfe eines der einfachsten und besten Moderationstricks auf allen Untergründen befestigen, auf denen man visualisiert: mit doppelt gefasstem Klebeband. Dafür eignet sich sowohl Tesafilm als auch Moderationskrepp oder ähnliches. Ich muss dafür nur einen hinreichend langen Streifen so übereinander legen (siehe Abb. 2.10), dass daraus ein doppelseitiges Klebeband wird. So lassen sich übrigens auch Poster und Flipcharts super an Wänden anbringen und wieder verletzungsfrei herunternehmen. Achtung nur bei Stofftapeten – nicht dass es Ärger mit dem Veranstaltungszentrum gibt!

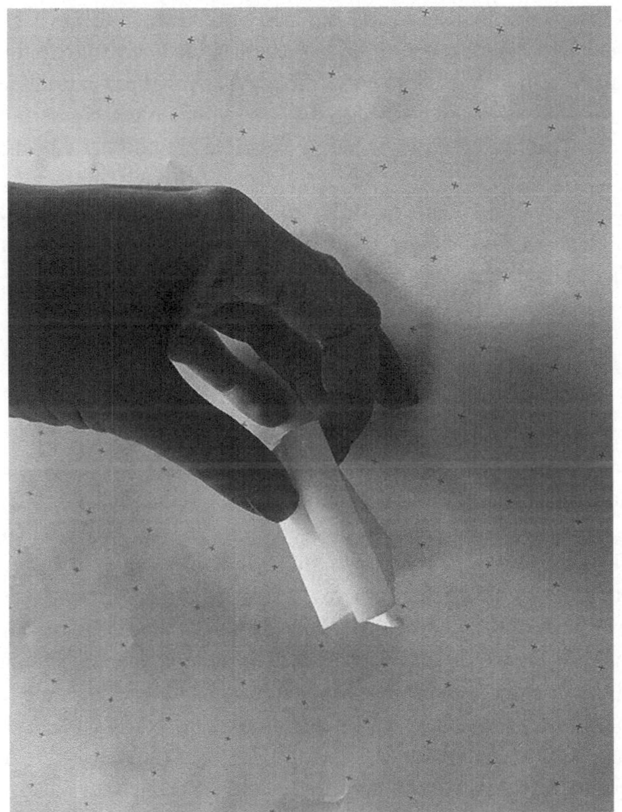

Abb. 2.10 Klebeband zu doppelseitigem falten

Außerdem gibt es tolle Bücher und auch Online-/ Videokurse, die beim Visualisieren helfen (eine Auswahl der Bücher findet sich in der Literaturliste am Ende dieses Buchs). Dennoch finde ich das gar nicht so erfolgskritisch, denn wie bereits gesagt: Es geht weniger um kunstvolle Darstellungen als um die Nutzung von Bildern und Symbolen, die den Dialog mit unserem Coachee auf eine andere als die rein sprachliche Ebene bringen. Es geht darum, die Bilder, die der:die Coachee im Inneren trägt, zumindest für den Gesprächsprozess an die Oberfläche zu bringen, um sie aus dem Unterbewussten ins Bewusstsein zu heben. Dies führt dann dazu, dass sie auch für den:die Coachee klarer, sichtbarer und greifbarer werden, was ihre Realisierung noch mal wahrscheinlicher macht.

Es kann dementsprechend übrigens durchaus hilfreich sein, an der einen oder anderen Stelle den:die Coachee zu bitten, aus der Resonanz, die Sie in den Raum gegeben haben, selbst ein Bild zu entwickeln. Manchmal passiert das sehr schnell sprachlich: Wenn etwa die Coach das Bild eines reißenden Wasserfalls im Kopf hat, wenn der Coachee über die bisherige Karriere spricht, der Coachee das aber eher als Sturm empfindet, ist es für den Prozess hilfreich, einfach beide Bilder zu dokumentieren – und dann eher mit dem Bild des Coachees weiterzuarbeiten, ohne das eigene ganz zu vergessen. Es gibt ja einen Grund, warum es sich beim Zuhören für Sie eher nach einem reißenden Wasserfall angefühlt hat.

2.7.2 Visuelle Metaphern

Auch im weiteren Verlauf eines Coaching-Prozesses geht es immer wieder darum, Verständnis zu sichern, sicherzustellen, dass das Bild, das ich als Coach im Kopf habe beim Thema, das meine:n Coachee gerade bewegt, möglichst nah an dem ist, das er:sie selbst dazu im Inneren trägt. So kann ich nämlich erreichen, dass der:die Coachee sich verstanden fühlt und ihre:seine Energie darauf verwenden kann, am eigentlichen Thema zu arbeiten, anstatt mir weiterhin zu erklären, was denn genau gemeint ist. Hierbei sind Metaphern extrem hilfreich.

Gleiches gilt, wenn ich als Coach Modelle oder theoretischen Input nutzen will, um etwas in einen bestimmten Kontext zu setzen, um eine neue Information in den Prozess zu geben oder um einen Impuls zum Nachdenken oder für eine Veränderung zu setzen. In der Kommunikation geschieht das durch Aussagen wie: „… das ist also, als würden Sie…?“ oder „Man könnte das also vergleichen mit…“ – generell durch sprachliche oder eben bildliche Analogien, die ich aus einem anderen Kontext herausnehme und im Kontext des Gesprächs verwende.

Wenn mir also eine Coachee, um ein Beispiel aus meiner Praxis zu verwenden, schildert, dass die Arbeit mit den beiden Vorständ:innen, die sie unterstützt, bedingt, dass sie immer wieder Hindernissen ausweichen muss und dabei ihren Weg noch nicht so richtig gefunden hat, könnte ich sagen: „Ah, das ist also wie in einem Bach oder in einem Fluss von Stein zu Stein zu springen, und jedes Mal musst du schauen, wo sich ein neuer Stein zum Draufspringen eignet, ob der nicht zu rutschig ist – und natürlich auch, ob es dann von dort aus überhaupt weitergeht?“ Ich formuliere Metaphern immer als Frage, denn zunächst einmal ergeben sie ja nur für mich Sinn im Hören dessen, was mein:e Coachee berichtet. Nun ist zu überprüfen, ob der:die Coachee die Metapher ebenfalls hilfreich findet. In meinem Beispiel war das der Fall, und wir konnten die Metapher, das Bild, das sich daraus entwickelte, nutzen, um in der Session genau dieses Thema näher aufzudröseln und tiefer zu bearbeiten. Dafür wählten wir eine grafische Darstellung (siehe Abb. 2.11). Genauso gut hätte sich aber auch ein Modell aus LEGO®, eine räumliche Darstellung mit Stühlen und Moderationskarten mit

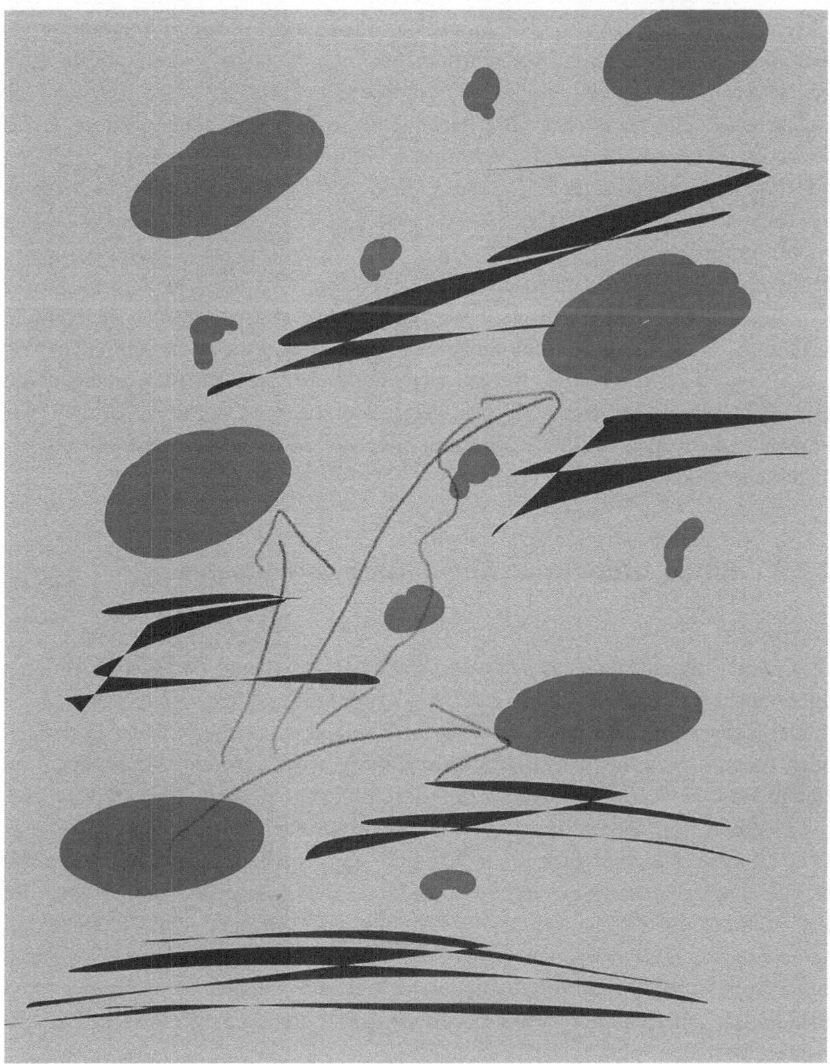

Abb. 2.11 Darstellung einer grafischen Metapher

Erläuterungen im Konferenzraum oder aber ein digitales Whiteboard mit einer Zeichnung und/oder virtuellen Klebezetteln geeignet, die den Verlauf der Steine und deren Bedeutung anzeigen.

Ganz zentral – ohnehin im Coaching – ist hierbei die Fähigkeit des Zuhörens und des Resonanz-Gebens. Brandy Agerbeck beschreibt in seinem Buch *Der Wegweiser für den Graphic Facilitator* den Prozess der Graphic Facilitation als Kombination aus Zuhören, Denken und Zeichnen, wobei alle drei Teile in etwa gleichwertig anzusiedeln sind. Er schreibt: „Zeichnen wird als der ROCKSTAR angesehen. Zuhören ist der leise Held. Und keines von beiden würde etwas bewirken ohne die Bedeutung erzeugende Maschine zwischen unseren Ohren und hinter unseren Augen" (Agerbeck 2013, S. 12). Dies verdeutlicht, dass es gar nicht so zentral ist, zeichnerisch darstellen zu können, was man hört – es ist wichtig, dem Bedeutung zu geben. Indem ich Resonanz gebe und mit Bildern, gerne auch Metaphern, illustriere, was das Gesagte in mir auslöst, unterstütze ich meine:n Coachee dabei, sich der Bedeutung noch bewusster zu werden. Manchmal sind Worte (vermeintlich) dahingesagt, und wenn sie zurückgespielt werden, wird plötzlich klar, welche Bedeutung sie doch haben. Wenn wir die Geschichte des Coachees jedoch in eine Metapher verwandeln, können wir Fragen und Ideen anschließen, die uns ohne die Metapher möglicherweise gar nicht gekommen wären.

2.7.3 Blitze, Glühbirnen und andere bedeutsame Symbole

Wer einmal einen klassisch nach der Metaplan®-Methode moderierten Prozess mitgemacht hat, erinnert mindestens ein Symbol: den Blitz, der bei Metaplan® immer dann verwendet wird, wenn es in der Diskussion Gegenrede, Bedenken oder Fragen gibt, die visuell mitdokumentiert werden sollen. So ist auch im Nachhinein jederzeit ersichtlich, wo ein Punkt kontrovers diskutiert wurde, wo es Rede und Gegenrede gab, wo Fragen auftauchten. Auch im Coaching-Prozess kann das außerordentlich hilfreich sein, insbesondere dann, wenn die Dokumentation ansonsten eher textlastig ist. Beispielsweise kann es bei der Besprechung der Coachingziele (vgl. Abschn. 2.1) hilfreich sein, die Reflexion der einzelnen Punkte mit zu visualisieren, indem – beispielsweise eben durch einen Blitz – visuell angezeigt wird, dass es hier Vor- und Nachteile, Chancen und Risiken oder aber Hürden gibt, die bei der Bearbeitung später im Prozess Berücksichtigung finden sollten (Abb. 2.12).

Abb. 2.12 Der Metaplan®-Blitz und weitere Moderationssymbole

Ähnlich kann beispielsweise eine Glühbirne als Symbol für eine Idee oder einen noch weiter auszuarbeitenden Gedanken genutzt werden. Ein Fragezeichen in einem (farbig gestalteten) Kreis wirkt gleich viel auffälliger und wird besser erinnert als nur das Satzzeichen, und mittels eines symbolischen Hakens in einem Rahmen kann gekennzeichnet werden, was bereits erledigt oder vereinbart ist. Seit in Textnachrichten massenweise Emojis und Symbole verwendet werden, fällt das uns allen vermutlich ohnehin um einiges leichter.

2.8 Aktivierung im virtuellen Raum

Dass ein:e Klient:in bei online durchgeführten Coachings mehr Aktivierungsimpulse benötigt als im physischen Raum, liegt meiner Ansicht nach daran, dass über eine Internetleitung keine so intensive sensuelle Verbindung zwischen

Menschen entsteht – wir spüren uns nicht so, wie wir dies möglicherweise könnten, wären wir physisch zur selben Zeit im selben Raum. Denn wir erhalten über die Webcam (sofern denn eine verwendet wird) nur den deutlich reduzierten Ausschnitt der Körpersprache unseres Gegenübers, wir verlieren in hohem Maße die Mikrosignale, die der Körper permanent sendet, die aber über diesen kleinen Ausschnitt nicht sichtbar und erst recht nicht spürbar sind. Um also gut miteinander in Verbindung zu kommen und auch zu bleiben, ist es notwendig, bewusst und gezielt zusätzliche Mittel und Methoden einzusetzen, um die:den Klient:in für den Coachingprozess zu aktivieren. Denn Coaching sollte mehr sein als ein reiner Dialog über ein vom Klienten gewähltes Thema.

Wenn Coach und Coachee miteinander im selben physischen Raum sind, können sie diesen Raum gezielt für den Arbeitsprozess nutzen. Sie können aufstehen, sich im Raum bewegen, Elemente nutzen und Inhalte des Gesprächs visuell und räumlich darstellen. Allerdings lässt sich dies auch recht gut im virtuellen Raum nachempfinden – auch wenn es physisch dann zwei verschiedene Räume sind, in denen Coach und Coachee sich befinden. Um Coachees aktiv in die Empfindung und Reflexion zu bringen, ist es hilfreich, dass der:die Coach ihn oder sie dazu animiert, sich aus der gewohnten Sitzposition am Laptop oder Tablet heraus zu begeben. Dies funktioniert dann besonders gut, wenn Sie ohnehin mit spielerischen Methoden arbeiten. Wenn ein Modell gebaut, gebastelt oder gezeichnet wurde, kann (und sollte) zwar ein Foto erstellt werden. Es ergibt aber schon einen deutlichen Unterschied, wenn Sie die:den Coachee zuvor bitten, mit der Videoaufzeichnungsfunktion der (Smartphone-) Kamera das Modell während der verbalen Beschreibung einzufangen, damit Sie genau sehen und erfassen können, was gerade beschrieben wird.

Sehr wirksam und mit nicht zu unterschätzendem Spaßeffekt sind meiner Erfahrung nach auch kleine, auflockernde Übungen, die den:die Coachee in Bewegung bringen. Das müssen keine körperlichen Übungen im Sinne des klassischen Frühsports oder der „Suppenkoma-Bekämpfung“ nach einer Seminar-Mittagspause sein, sondern Sie können beispielsweise, wenn wir gerade über die Führungsvision sprechen, den:die Coachee darum bitten, ans Bücherregal zu gehen und das Buch herauszuholen, das ihn oder sie bezüglich ihres:seines Bildes von Führung am stärksten geprägt hat. Hilfreich aus der Moderationsmethodik sind auch visuelle Hinweise, die ich zu Beginn gemeinsam erstellen kann, beispielsweise eine grüne und eine rote Karte oder den bereits beschriebenen Blitz und eine Fragezeichenkarte.

Hier wird übrigens deutlich, wie wichtig sowohl bei der virtuellen als auch bei der Präsenzarbeit die Wahl des Raumes ist, in dem die:der Coachee sich während der gemeinsamen Arbeit aufhält. Gerade in Großkonzernen habe ich häufig erlebt, dass Besprechungsräume am Arbeitsort des:der Klient:in verglast waren, sodass jede:r, der oder die außen vorbeigeht, sehen konnte, wer sich innen aufhielt und was dort vor sich ging – im ungünstigsten Fall war sogar lesbar, was auf Flipcharts oder Tafeln visualisiert wurde. Auch im Homeoffice ist ausgesprochen hinderlich (wenngleich nicht immer zu verhindern), wenn weitere Personen sich zum Zeitpunkt des Coachingtermins dort aufhalten und sehen oder hören können, was geschieht und besprochen wird. Ich habe allerdings gerade in letzter Zeit die Erfahrung gemacht, dass ein sensibler Umgang hiermit wichtig ist und die Entscheidung, was geht und was nicht, letztendlich immer dem:der Klient:in obliegt. Auf Störungen hinzuweisen ist jedoch wichtig, denn manchmal nimmt ein:e Coachee gar nicht wahr, dass sich eine Veränderung dadurch ergibt, dass die:der Lebenspartner:in „nur mal eben etwas holt" aus dem Arbeitszimmer, in dem die:der Coachee sich gerade aufhält.

Abschließend möchte ich noch einen ganz zentralen Punkt zur Aktivierung und zur Festigung der Beziehung nennen, der sich im virtuellen Raum als besonders hilfreich erwiesen hat: das bewusste Einbeziehen der Metaebene ins Coachinggespräch. Mit Metaebene meine ich in diesem Zusammenhang, all die kleinen Beobachtungen und Empfindungen bewusst zu benennen und in die Kommunikation mit dem:der Klient:in zu bringen, die Ihnen als Coach während der Arbeit kommen. Im virtuellen Raum sind diese besonders wichtig, und ich empfehle, sich als Coach bewusst und strukturiert daran zu erinnern, beispielsweise durch einen Erinnerungszettel auf Ihrem Schreibtisch oder durch einen entsprechenden Hinweis in Ihren Vorbereitungsunterlagen für einen Coachingtermin. Ebenso wichtig ist, genau diese Beobachtungen und Empfindungen immer wieder aktiv vom Coachee abzufragen, denn Sie haben, wie bereits erwähnt, als Coach im virtuellen Raum deutlich weniger Gelegenheit, diese Signale selbst und direkt wahrzunehmen. Sie sehen häufig nur das Gesicht Ihres Gegenübers, wenig Bewegung im Körper, und ggf. hören Sie auch kleine Hörersignale über die Internetleitung nicht so gut.

Das häufigste Feedback, das ich nach Coachingprozessen, aber auch nach Trainings und Seminaren von Teilnehmenden erhalten habe, war, dass die Zeit wie im Fluge vorüberging. Das hat mit den in diesem Buch beschriebenen Methoden zur Aktivierung und Visualisierung zu tun – zumindest ist das meine Hypothese aus inzwischen mehr als zwanzig Jahren Arbeit mit Teams und Führungskräften in den Themenbereichen Kommunikation, Führung und Zusammenarbeit. Ich freue mich sehr, wenn Sie mich wissen lassen, welche Unterschiede Sie bei der Anwendung der einen oder anderen hier vorgestellten Methode gemacht haben. Viel Spaß – und Sie erinnern sich an eine der Grundregeln im Coaching: Probiere etwas aus, und wenn es funktioniert – gut; wenn nicht, probiere einfach etwas anderes!

Was Sie aus diesem *essential* mitnehmen können

Gerade in Zeiten zunehmender Digitalisierung in der Zusammenarbeit und dementsprechend auch in der Arbeit im Coaching mit Einzelpersonen und Teams werden Methoden zur Aktivierung und Visualisierung immer bedeutsamer, um Ergebnisse in Coachingprozessen sichtbar und greifbar zu machen.

Vor allem für Coachingprozesse im 1:1, aber auch adaptierbar auf Gruppen- und Teamcoachingprozesse eignen sich die in diesem Buch vorgestellten Methoden sowohl für die Arbeit „face to face" als auch im virtuellen Raum.

Entlang eines klassischen Prozessverlaufs im Coaching habe ich gezeigt, wie der:die Coachee kontinuierlich aktiviert werden kann. Zusammengefasst ging es dabei um folgende Methoden:

Alle diese vorgestellten Methoden eigenen sich, ggf. mit kleineren Anpassungen, ebenso für die Arbeit mit kleineren Gruppen. Sie können Menschen, die sich miteinander in Präsenz im selben Raum befinden, zunächst individuell zeichnen und sich dann die Ergebnisse gegenseitig vorstellen lassen. Sie können in Team- und Gruppencoachings mit Collagen, Metaphern und sonstigen Darstellungsmöglichkeiten im Coaching und in der Moderation arbeiten, und auch der Verwendung spielerischer Methoden wie LEGO® Serious Play® sind wenig Grenzen gesetzt – Sie brauchen nur das notwendige Material, ausreichend Zeit und eine gut vorstrukturierte Moderation. Daher hier insbesondere für diese Methode nochmals der Hinweis: Wenngleich viele Coaches und Trainer:innen bereits in Übungen LEGO® oder ähnliche Methoden einsetzen, ist die Moderation eines solchen Prozesses voraussetzungsvoll; mindestens sollte die Baufrage (was genau soll denn gebaut werden, und welches

C. Salowski, *Kreative Methoden im Business Coaching,* essentials,
https://doi.org/10.1007/978-3-658-32194-9

Tab A.1. Methoden zur Aktivierung im Coachingprozess

Anlass/Methode	Kurzbeschreibung	Seitenverweis
Zielklärung	Visualisierung der Ziele sowie der Chancen und Risiken, die mit deren (Nicht-)Erreichung verbunden sind	2.1 Zielklärung
Beziehungs-Landkarte	Visualisierung der unterschiedlichen Beziehungen, die der:die Coachee im beruflichen und/oder privaten Umfeld unterhält	2.2 Die Landschaft erkunden
Arbeit mit Collagen	Durch Visualisierung mit Bildern und Metaphern verdeutlichen, woran zu arbeiten ist	2.3 Am Coaching-Anliegen arbeiten
Aufstellung von Konfliktsituationen	Mithilfe von Symbolkarten, Zeichnungen oder Figuren Konfliktkonstellationen sowie Lösungsoptionen sichtbar und greifbar machen	2.4 Bewegung in Konflikte bringen
Formen mit Knete	Die Führungsvision oder Leadership Brand des Coachees plastisch darstellen	2.5 Eine Führungsvision kreieren
LEGO® Serious Play®	Bau von Modellen oder von Modell-Landschaften, um Ist und Soll sowie inneres System des Coachees sichtbar und greifbar zu machen	2.6 LEGO® Serious Play® als Instrument für die Begleitung eines gesamten Coaching-prozesses
Vorlagen, visuelle Metaphern und Symbole	Nicht notwendigerweise müssen Coaches zeichnen können; die Arbeit mit Vorlagen, Metaphern und Symbolen gelingt auch ohne künstlerische Fertigkeiten	2.7 Mit Visualisierung arbeiten
Aktivierungsübungen und Einbinden der Metaebene im virtuellen Raum	Nutzung kleinerer Aktivierungsübungen und der Metaebene in der Kommunikation, um die Reduktion von Informationen und Wahrnehmungskanälen im virtuellen Raum auszugleichen	2.8 Aktivierung im virtuellen Raum

Ziel verfolgen Sie damit) gut überdacht und entsprechend formuliert sein. Ganz zentral, und dies gilt für alle Aktivierungs- und Visualisierungsmethoden, die Sie in einer Gruppe oder in einem Team anwenden, ist der Austausch der Teilnehmenden im Anschluss an die gestalterische, kreative Arbeit. Dabei ist wichtig, dass Sie keine Bewertung zulassen, sondern die Bedeutungsgebung in den Vordergrund stellen – und zwar durch die Person, die das Konstrukt erschaffen hat.

Am Ende eines Coachingprozesses steht stets die Evaluation, der Rückblick auf das, was als Ziel(e) definiert worden war und die Reflexion, ob, wie und in welcher Form man dort angelegt ist, was sich unterwegs mit welchem Ergebnis noch verändert hat und wie es nun (für den:die Coachee, aber auch für den:die Coach) weitergeht – mit dem Prozess, aber auch individuell. Die letzte Visualisierung, die Sie mit Ihren Klient:innen vornehmen sollten, kann also nochmals eine Art Landkarte sein, die die Route darstellt, die Sie miteinander genommen haben. Am Anfang war die Landkarte noch weiß, unberührt. Sie haben dann Ziele definiert und sich über den Weg dorthin Gedanken gemacht. An manchen Stellen hat die Verwendung der vorgestellten Methoden möglicherweise zu Abweichungen vom ursprünglichen Plan geführt. Insgesamt sollte jedoch das methodische Ziel (dieses Buchs und Ihres Prozesses) erreicht worden sein: sichtbare und greifbare Lösungen für die Coachingarbeit mit Ihren Klient:innen.

Literatur

Agerbeck, Brandy. 2013. **Der Wegweiser für den Graphic Facilitator.** Wie Sie mit Zuhören, Denken und Zeichnen Bedeutung schaffen. Neuland.

Bird, Jenny; Gornall, Sarah. 2016. **The Art of Coaching.** A Handbook of Tips and Tools. Routledge.

Blair, Sean; Rillo, Marko & Partner (übersetzt von Jens Dröge). 2019. **Serious Work.** Meetings und Workshops mit der LEGO® Serious Play®-Methode moderieren. Vahlen.

Glasl, Friedrich. 2007. **Selbsthilfe in Konflikten.** Konzepte – Übungen – Praktische Methoden. Verlag Freies Geistesleben.

Ders. 2020. **Konfliktmanagement.** Ein Handbuch Für Führung, Beratung und Mediation. Verlag Freies Geistesleben 2020.

Kimsey-House, Henry; Kimsey-House, Karen; Sandahl, Phillip; Whitworth, Laura. 2018. **Co-Active Coaching.** The Proven Framework for Transformative Conversations at Work and in Life. Nb Publishing.

Neuland in Kooperation mit kommunikationslotsen. **bikablo®, bikablo® 2.0** und **bikablo® emotions.** Bestellbar direkt bei Neuland oder im Buchhandel.

Pflügler, Sebastian. 2020. **Kommunikation für die digitale Ära.** Wie wir heute miteinander reden – und was dabei immer noch wichtig ist. Redline.

Sparrer, Insa. 2010. **Einführung in Lösungsfokussierung und Systemische Strukturaufstellungen.** Carl-Auer.

Dies. 2009. **Systemische Strukturaufstellungen.** Theorie und Praxis. Carl-Auer.

Varga von Kibéd, Matthias; Sparrer, Insa. 2014. **Ganz im Gegenteil.** Tetralemmaarbeit und andere Grundformen Systemischer Strukturaufstellungen – für Querdenker und solche, die es werden wollen. Carl-Auer.

C. Salowski, *Kreative Methoden im Business Coaching,* essentials,
https://doi.org/10.1007/978-3-658-32194-9